新 电商精英系列教程
电商运营
第2版

阿里巴巴商学院 编著

电子工业出版社
Publishing House of Electronics Industry
北京·BEIJING

内 容 简 介

"电商精英系列教程"自从 2011 年问世以来，随着电子商务大潮在国内的兴起，成为全国范围内颇具影响力的电子商务系列教程，是几代电商人和院校学员学习的"绿色记忆"。2016 年，电子工业出版社推出丛书升级版本："新电商精英系列教程"。这两套丛书累计销售 100 多万册，并且两次荣获电子工业出版社最佳品牌奖。

2019 年，"新电商精英系列教程"升级版问世！本套书均配有 PPT 课件，由阿里巴巴商学院召集多位优秀电商讲师和电商领域的专家学者编写，吸取了旧版丛书的经验，对于主流电子商务知识进行了更加细致、合理的规划设计，更符合新时期读者的知识需求。除升级原有的《网店客服》《网店美工》《网店推广》《数据化营销》《电商运营》五本书外，还新增了《内容营销：图文、短视频与直播运营》《跨境电商运营实务：跨境营销、物流与多平台实践》两本书。

《电商运营》（第 2 版）内容涵盖电子商务概述、主流电商平台网上开店说明、店铺运营、电商财务与团队。本书可作为各类院校电子商务及相关专业的教材，也可作为网络创业者和电子商务从业人员的参考用书。

未经许可，不得以任何方式复制或抄袭本书之部分或全部内容。
版权所有，侵权必究。

图书在版编目（CIP）数据

电商运营 / 阿里巴巴商学院编著. —2 版. —北京：电子工业出版社，2019.6
新电商精英系列教程
ISBN 978-7-121-36618-5

Ⅰ. ①电… Ⅱ. ①阿… Ⅲ. ①电子商务－商业经营－教材②网络营销－教材 Ⅳ. ①F713.365.2

中国版本图书馆 CIP 数据核字（2019）第 098552 号

责任编辑：张彦红　　　　特约编辑：田学清
印　　刷：三河市华成印务有限公司
装　　订：三河市华成印务有限公司
出版发行：电子工业出版社
　　　　　北京市海淀区万寿路 173 信箱　　　邮编：100036
开　　本：787×980　　1/16　　印张：12.5　　字数：260 千字
版　　次：2016 年 8 月第 1 版
　　　　　2019 年 6 月第 2 版
印　　次：2021 年 8 月第 12 次印刷
印　　数：31001～33000 册　　定　　价：49.00 元

凡所购买电子工业出版社图书有缺损问题，请向购买书店调换。若书店售缺，请与本社发行部联系，联系及邮购电话：（010）88254888，88258888。
质量投诉请发邮件至 zlts@phei.com.cn，盗版侵权举报请发邮件到 dbqq@phei.com.cn。
本书咨询联系方式：010-51260888-819，faq@phei.com.cn。

《新电商精英系列教程》编写委员会

组织单位： 阿里巴巴商学院

主　　任： 章剑林　阿里巴巴商学院　执行院长、教授

副 主 任： 范志刚　阿里巴巴商学院　博士、副教授

委　　员： 刘　闯　阿里巴巴商学院　博士、副教授

　　　　　　沈千里　阿里巴巴商学院　博士、讲师

　　　　　　项杨雪　阿里巴巴商学院　博士、讲师

　　　　　　潘洪刚　阿里巴巴商学院　博士、讲师

　　　　　　赵子溢　阿里巴巴商学院　博士、讲师

　　　　　　章仲乐　阿里巴巴商学院　实验师

企业专家组成员：

陈林、李文渊、王鹏、辛嘉波、许途量、徐云、俞琦斌、叶正课

序

电子商务是一个充满魅力、不断演化扩张的新世界。随着消费者购买力的增强、社交媒体用户的激增、信息基础设施和技术的不断进步，过去20余年中国电子商务经历了从"工具"（点）、"渠道"（线）、"基础设施"（面）到"电商经济体"不断扩展和深化的发展阶段，并取得了举世瞩目的成就。根据商务部的数据，2018年全国网上零售额突破9万亿元，对社会消费品零售总额增长的贡献率达到45.2%，直接或间接带动就业超过4000万人，毋庸置疑，电子商务已成为中国经济社会转型发展的重要行业。

以互联网技术为核心的电子商务是一个发展迅速、创新层出不穷的行业。新技术变革、新模式涌现、新市场创造带来了巨大的商业机会和无穷的想象空间。从技术的角度来看，大数据、云计算、人工智能、虚拟现实等技术的快速发展，为电子商务创造了丰富的应用场景；而新技术的应用催生营销模式不断创新，从而驱动新一轮电子商务产业创新。以创新O2O、新零售为典型的新商业模式应运而生，数据驱动、网络协同、客户体验等成为电子商务2.0时代的核心要素，智能商业时代俨然已经开启。从区域的角度来看，各大电商争夺的"主战场"已悄然从一二线城市延伸到三四线城市，从国内市场逐渐向东南亚、非洲、中东等新兴电商市场转移，县域电商、跨境电商成为新的风口。诚然，这些新变化发生的同时，对覆盖全球经济的电商生态体系各类参与方也提出了更高的要求。

其中，最为突出的是电商人才如何支撑匹配行业发展的问题，这个问题已经成为各地发展电子商务的瓶颈。从需求端来看，电商行业发展相对落后地区的电商转型都面临着电子商务人才严重匮乏的窘境。在校电子商务专业的学生虽然掌握了一定的电子商务理论知识，但在实际操作和应用层面并无足够的解决问题的实际能力。而从业人员在实践当中积累的知识往往过于零散化和片段化，缺乏系统性和前瞻性，限制了其能力的进一步提升。从供给端来看，国内现有电商相关专业学生及电商从业者的学习内容难以与时俱进，以工业时代理念、模式、机制和体制培养人才的一整套传统的教育体系，也越来越不能适应新经济时代下对人才的巨大且崭新的知识要求。

阿里巴巴商学院对创新创业型电子商务人才培养的探索与实践从未停止，教育部高等学校电子商务类专业教学指导委员会在过去的数年中更是开展了大量有意义的工作，在电商人才培养的总体目标、专业素质构成、培训体系设置、产教融合拓展等方面提出了诸多宝贵建议。本人作为教育部高等学校电子商务类专业教学指导委员会的一员，参与和见证了国内电子商务人才培养的改革与创新，深知要在互联网发展日新月异的情境下保持相应电子商务知识内容体系的先进性是一个非常艰巨的挑战。

多年来，阿里巴巴商学院为适应不断变化和升级的新经济时代需求，在创新型人才尤其是电子商务领域人才的教育、培训和教材建设方面做了大量卓有成效的工作，为行业和社会各界输送了成千上万的高素质电子商务人才。此次聚焦了数十位国内著名的实践派专家，面向数字经济时代发生的新变化、新需求，升级了"新电商精英系列教程"，这是对电子商务人才培育实践工作的有益探索。同时，本丛书也是杭州市重点哲社基地"电子商务与网络经济研究中心"的专题成果，亦能从理论层面为促进电子商务行业发展发挥积极的作用。

章剑林

阿里巴巴商学院执行院长

教育部高等学校电子商务类专业教学指导委员会副主任

2019 年 4 月于杭州

前 言

"电商精英系列教程"自从 2011 年问世以来，伴随电子商务大潮在国内的兴起，成为全国范围内颇具影响力的电子商务系列教程，是几代电商人和院校学员学习的"绿色记忆"。2016 年，电子工业出版社推出丛书升级版本："新电商精英系列教程"。这两套系列丛书，累计销售 100 多万册，并且两次荣获电子工业出版社最佳品牌奖。2019 年，"新电商精英系列教程"升级版问世！

实践总是超前于理论的发展，系统地学习时必须要对来自实践的知识进行梳理与总结。阿里巴巴商学院发起此轮修订工作，召集多位活跃在电商一线的资深创业者、优秀卖家及电子商务领域的专家、学者共同参与编写。本丛书立足于"帮助打造一批能适应新技术和新模式快速涌现的电商实操性人才"，吸取了旧版丛书的经验，对主流电子商务知识进行了更加细致、合理的规划设计，更符合新时期读者的知识需求。除升级原有的《网店客服》《网店美工》《网店推广》《数据化营销》《电商运营》五本书外，还新增了《内容营销：图文、短视频与直播运营》《跨境电商运营实务：跨境营销、物流与多平台实践》两本书，各书均配有 PPT 课件。

本轮修订体现了以下几个新的特点。

第一，知识体系更契合前沿，更加符合移动互联网时代及全球化电商运营的现实场景，能为电商从业人员提供更系统化的基础知识。

第二，产教融合更加突出。丛书邀请在实操层面有丰富经验的电商企业家和创业者作为写作团队，同时邀请来自教育部高等学校电子商务类专业教学指导委员会的专家、高等院校的一线教师参与到图书内容的创作与完善当中，既保证了图书内容的切实指导性和可操作性，也保证了图书内容的逻辑性和条理性。

第三，学习使用更加便利。编写团队在创作初期便充分考虑如何让升级版教材既适合市场零售读者阅读，又能够更广泛地应用到高等院校中。因此，本套丛书根据对高校学生培养的特点做了相关设计，如在大部分章节安排有练习题，每本书都配有 PPT 课件等。

《电商运营》（第 2 版）共分 4 章，第 1 章"电子商务概述"由叶正课编写；第 2 章"主流电商平台网上开店说明"由罗文壮编写；第 3 章"店铺运营"由曹红亮编写；第 4 章"电商财务与团队"由沈杨健编写。本书将会从多个角度向读者介绍如何进行电商店铺的日常运营工作，并且告诉大家在新的电商环境下，作为刚接触电商运营的新人，需要关注的核心重点内容。本书涉及的内容虽广，但考虑到面对的是电商行业的初学者，因此每个章节所叙述的行业深度都有所控制，如店铺推广及客服等重点内容，将会在本系列丛书的其他书籍上向各位读者进行更加细致的展现。

本书凝聚了诸多优秀电商商家的智慧与心血，编写工作得到了教育部高等学校电子商务类专业教学指导委员会的多位领导和专家的关心和支持，部分素材、数据参考了阿里巴巴商学院等机构及相关网站信息，在此一并表示感谢！

由于电商行业发展日新月异，编写组水平也有所限，书中难免有不当之处，敬请广大读者批评指正。

目 录

第 1 章 电子商务概述 1

  1.1 电商运营简述 2

      1.1.1 什么是电子商务 2

      1.1.2 电商运营的定义 3

      1.1.3 电子商务的主要表现形式 3

      1.1.4 电子商务的发展历程 9

      1.1.5 电子商务的发展趋势 11

      1.1.6 关于新零售 14

  1.2 主流电商平台简述 17

      1.2.1 淘宝网 17

      1.2.2 天猫商城 27

      1.2.3 京东商城 29

      1.2.4 其他平台 31

  1.3 本章要点 31

	1.4	本章习题	32

第 2 章 主流电商平台网上开店说明 ... 33

- 2.1 开业前准备 ... 34
  - 2.1.1 市场数据的分析 ... 34
  - 2.1.2 确定开店的方向 ... 38
  - 2.1.3 了解电商零售平台规则 ... 38
  - 2.1.4 开店前货源的准备 ... 58
- 2.2 平台入驻 ... 60
- 2.3 店铺基础操作与设置 ... 78
  - 2.3.1 商品发布准备 ... 78
  - 2.3.2 商品发布流程 ... 84
  - 2.3.3 商品管理 ... 88
  - 2.3.4 店铺设置 ... 91
- 2.4 网络安全常识 ... 94
  - 2.4.1 交易安全 ... 94
  - 2.4.2 防骗知识 ... 94
  - 2.4.3 商业机密 ... 95
- 2.5 本章要点 ... 95
- 2.6 本章习题 ... 96

第 3 章 店铺运营 ... 97

- 3.1 运营的核心逻辑 ... 98
  - 3.1.1 运营的根本目的 ... 98

3.1.2　运营的相互关系 98
　　　3.1.3　动销率 99
　3.2　店铺流量 103
　　　3.2.1　几种重要的流量渠道来源 103
　　　3.2.2　流量获取 110
　3.3　店铺转化 119
　　　3.3.1　产品 119
　　　3.3.2　商品定价 120
　　　3.3.3　视觉 122
　　　3.3.4　产品利益点 125
　　　3.3.5　关键词 126
　　　3.3.6　客户精准度 129
　　　3.3.7　客服话术 130
　　　3.3.8　评价优化 130
　3.4　客单价 131
　　　3.4.1　客单价数据获取 131
　　　3.4.2　客单价影响维度 132
　3.5　店铺老客运营 138
　　　3.5.1　老客运营的价值和意义 138
　　　3.5.2　淘宝老客运营工具 139
　3.6　本章要点 145
　3.7　本章习题 145

第4章 电商财务与团队 147

4.1 支付宝与店铺的共生 148
4.1.1 什么是支付宝 148
4.1.2 支付宝成为店铺交易的桥梁 149
4.1.3 商家支付宝融资手段 159
4.1.4 支付方式的设置 164
4.1.5 蚂蚁金服为商家赋能 167
4.1.6 店铺的财务管理逻辑 171

4.2 电商团队管理 173
4.2.1 公司员工管理基础规章制度 173
4.2.2 岗位职责与绩效 177
4.2.3 公司各部门职位晋升考核办法参考 182

4.3 本章要点 186
4.4 本章习题 187

第 1 章 电子商务概述

1.1 电商运营简述

1.1.1 什么是电子商务

在了解什么是电子商务之前，我们先要了解目前国内电子商务市场的现状。对于各中小商家和广大创业者来说，以淘宝为代表的一众电商平台的准入门槛都不高。拥有一张身份证，注册一家店铺，就能够顺利开启自己的电商之路。

2017年中国网络零售总额高达67 100亿元，同比增长30.1%，其中淘宝、天猫、京东三大核心零售平台占整体约83%的份额。目前，淘宝已经形成2 000余个细分市场，针对中小规模商家也喊出了"小而美"的口号。预计在未来2~3年里，淘宝内的各类型特色商家的数量将会进一步增长。

本书目的之一，就是带领没有经验的电商初学者进入电商行业，并使其能够顺利融入中国商业线上化的浪潮之中。

总而言之，电子商务是指利用电脑技术和网络通信技术进行的商务活动。电子商务高速发展，如今已不仅仅包括网络购物，还包括在线旅游、本地生活服务、物流配送等。电子商务涉及电子货币交换、供应链管理、电子交易市场、网络营销、在线事务处理、电子数据交换（EDI）、存货管理和自动数据收集系统。在电子商务运营的过程中，可利用的信息技术包括互联网、电子邮件、数据库、电子目录和移动电话等。

电子商务被划分为广义的电子商务和狭义的电子商务。广义的电子商务定义为，使用各种电子工具从事商务活动。通过使用互联网等电子工具，公司内部、供应商、客户和合作伙伴之间，利用电子业务共享信息，实现企业间业务流程的电子化，配合企业内部的电子化生产管理系统，提高企业的生产、库存、流通和资金等各环节的效率。狭义的电子商务定义为，主要利用互联网从事商务活动，包括商品和服务的提供者、广告商、消费者、中间商等有关各方行为的总和。人们一般理解的电子商务是指狭义上的电子商务，尤其指在互联网上进行商品买卖的行为活动。

目前，较为典型的电子商务生态均由电商平台、消费者、商品、物流等几个要素组成。较为典型的电商平台有淘宝网、天猫商城、京东商城、亚马逊等。

电子商务的存在价值就是让消费者通过网络进行网上购物、网上支付，节省客户与企业的时间和空间，大大提高交易效率。在信息多元化的 21 世纪，消费者可以通过电商平台提供的海量商品随时随地进行商品的购买，享受到前所未有的购物体验。

1.1.2 电商运营的定义

了解了电子商务的定义，那么什么是电商运营呢？

在任何一个平台或者渠道上进行电子商务活动，都会面对如下几个问题：①市场竞争；②店铺流量结构的阶段性变化；③店铺产品结构的调整；④店铺核心用户的获取及维护等一系列的工作内容。而电商运营就是一个以流量、产品、用户、数据为核心，统筹管理电商店铺，协同设计、仓储、财务等非业务部门完成团队业务目标的核心工作。

一个真正合格的电商运营，不仅能够进行店铺产品的简单上架、下架和活动报名工作，更能对整个业务流程有强有力的掌控力。小到单一商品的运营，活动节奏的制定，店铺产品线的规划，引流款、利润款和形象款的区分；大到店铺的全年规划，供应链效率的整合优化，设计方向的明晰，财务利润率的把控。这一切都需要运营进行严格控制。如图 1-1 所示，基础电商运营内容围绕着 5 个部分展开。

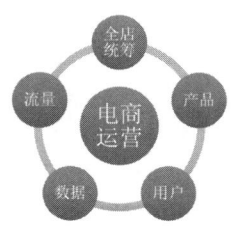

图 1-1　电商运营核心关注内容

1.1.3 电子商务的主要表现形式

电子商务涵盖的范围很广，按电子商务的模式可分为企业对企业（Business to Business，B2B）、企业对个人（Business to Customer，B2C）、个人对个人（Customer to Customer，C2C）、线上对线下（Online to Offline，O2O）4 种类型，如图 1-2 所示。

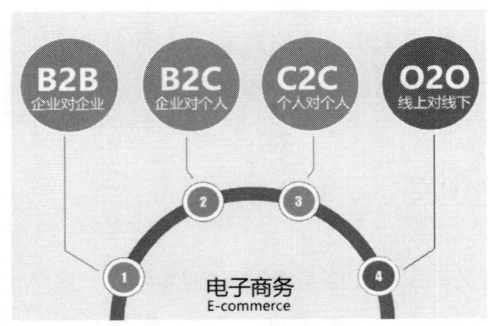

图 1-2　电子商务模式的 4 种主要类型

1．B2B

B2B 是指进行电子商务交易的供需双方都是商家（或企业、公司），它们使用互联网技术或各种商务网络平台，完成商务交易的过程。这些过程包括发布供求信息、订货及确认订货、支付，以及物流配送监控等。阿里巴巴（1688.com）、敦煌网、慧聪网等都是 B2B 的电子商务平台。

在商业高度发达的当下，B2B 电子商务的模式也是多种多样的，主要有以下 4 种模式，如图 1-3 所示。

图 1-3　B2B 的 4 种主要模式

（1）综合模式。综合模式是指面向中间交易市场的 B2B 模式。这种交易模式是水平 B2B 模式，它将各个行业中相近的交易过程集中到一个场所，为企业的采购方和供应方提供一个交易的机会。这一类网站既不是拥有产品的企业，也不是经营商品的商家，它只提供一个平台，在网上将销售商和采购商汇集在一起，采购商可以在其网上查到销售商和所销售商品的有关信息。目前综合模式是主流的 B2B 模式，阿里巴巴、敦煌网、慧聪网等都是综合模式的主要代表。

（2）垂直模式。垂直模式是指面向制造业或面向某个商业领域的垂直B2B模式。生产商或零售商建立垂直B2B平台，让此产品的经销商、需求方可以直接在此B2B平台上形成交易，建立网上的供销贸易关系。这种垂直B2B模式让某个行业的生意人聚集在某个网站，在这个网站中可以找客户、货源及行业信息，从而让行业里有货源的一方和寻求货源的一方形成买卖关系。垂直B2B模式面对的大多是某一个行业内的从业者，客户相对集中，也有共性，正因如此，客户群体也相对有限。如中国化工网、上海钢联等是垂直模式的主要代表。

（3）自建模式。企业自建B2B模式一般是指大型行业龙头企业基于自身的信息化建设程度，搭建以自身产品供应链为核心并整合行业产业链的电子商务平台。行业龙头企业通过自身的电子商务平台，串联起行业产业链，供应链上下游企业通过该平台实现资讯共享、业务沟通、产品交易。这种模式下的B2B网站类似于企业在线商店，即企业直接在网上开设虚拟商店，通过这样的网站大力宣传自身的产品，用更快捷、更全面的手段让更多的客户了解自身产品，促进交易。目前，具有一定规模的生产性企业大都有自己的B2B网站，供采购商直接下单采购。

（4）关联模式。关联模式一般是指客户群体典型的产业为了提升电子商务平台的广泛程度和关联准确性，整合有关联的几个行业，综合B2B模式和垂直B2B模式而建立起来的跨行业电子商务平台。目前关联模式还处于发展阶段，其通过某几个有关联的行业，融入综合B2B模式和垂直B2B模式特点，让人群共性相对集中的同时也能提供更多不同行业的商品信息和资讯。如塑胶五金网是关联模式的主要代表。

2．B2C

B2C是企业对个人的一种电子商务模式，即企业通过互联网将产品、服务及信息提供给个人消费者。它不仅包括网上零售，还包括网上资讯查询、服务订购等活动。B2C形成的电子商务主要以网络零售业为主，主要借助互联网开展在线销售活动。企业通过互联网为消费者提供一个全面的网上商店，消费者在网上购物、支付，形成交易。网络购物正逐渐成为一种主流的购物方式，B2C模式因为其主体大多是大型的公司和集团，具有信任背景，受到越来越多的消费者喜爱。天猫商城、亚马逊、京东商城等是B2C电子商务平台的典型代表。

据相关数据显示，2018年第1季度，中国网络零售B2C市场交易规模为9 528.5亿元，同比增长 32.2%。中国目前的 B2C 市场规模已经是全球第一，实物商品网上零售额占社会消费品零售总额的比重逐年增大，如图 1-4 所示。

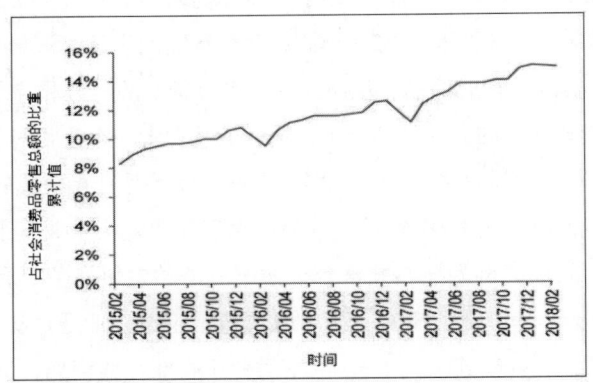

图 1-4　我国实物商品网上零售额占社会消费品零售总额的比重
（2015 年 2 月至 2018 年 2 月，数据来自公开资料整理）

2017 年中国网络零售 B2C 市场交易份额情况如图 1-5 所示。

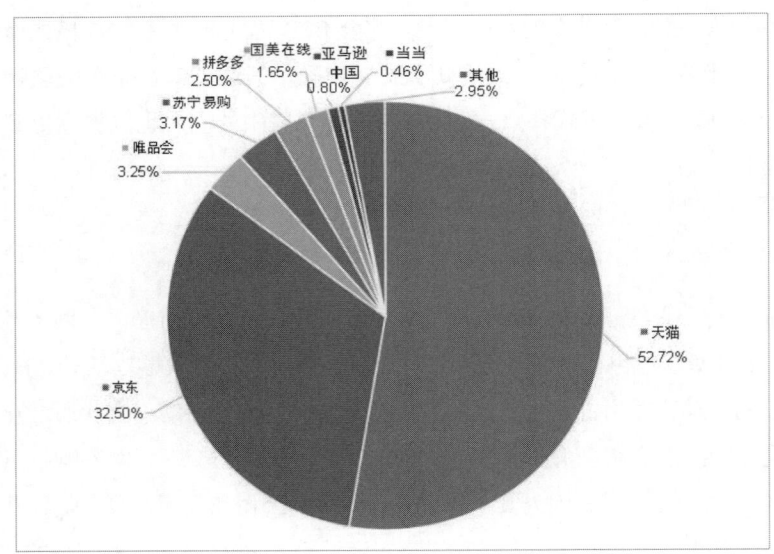

图 1-5　2017 年中国网络零售 B2C 市场交易份额情况
（数据来自公开资料整理）

B2C 可以从不同角度进行分类。根据人们熟知的区分方式，主要列举以下几类。

（1）综合 B2C。综合 B2C 就如人们平时进入的现实生活中的商城一样，商品种类十分丰富，有完整的购物体系。天猫商城是综合 B2C 的典型代表。这类 B2C 电子商务平台都有强大的公司背景、稳定的网站平台、完备的支付体系、诚信安全的交易体系，因此进驻平台的商家相对有品质，平台上售卖的商品品质也相对有保障。这样形成的是一个良性的循环，更多的商家进驻平台，为广大消费者提供丰富的商品。这样的 B2C 综合商城，在人气足够、产品丰富、物流便捷的情况下，其成本较低、24小时发货、无区域限制、更丰富的产品等优势，体现着网上综合商城强大的综合优势。除天猫商城外，亚马逊、京东商城等也是综合 B2C 的典型代表。

（2）垂直 B2C。垂直 B2C 是指就某个行业深入整合供应链而形成的针对此领域的专业的电子商务购物平台。垂直 B2C 需要对供应链进行深度整合，对供应商的产能和供应能力具有控制权。另外，垂直 B2C 还需要专业的运营能力，在网络营销、CRM 维护、客服接待、物流等方面具有专业性。垂直 B2C 品类相对单一，做深做精、维护好客户群是其能够稳定而长期发展的基础。如唯品会、贝贝网等就是典型的垂直型 B2C。

（3）直销型 B2C。直销型 B2C 是指企业通过自建网络销售体系进行自有商品售卖的电子商务模式。直销型 B2C 可以省掉中间的多层销售环节，能够大大降低消费者的购买成本。直销型 B2C 正成为很多大型企业的主要销售渠道之一。对于大型企业而言，协调原有的线下渠道与网络销售平台的利益，可以实行差异化的销售，线上产品也可通过线下渠道完善售后服务，这是能够有效融合线上、线下的一种方式，如苹果官网、小米网、华为商城等是直销型 B2C 的典型代表。

B2C 按照不同的角度可以划分为不同的类型，以上列举的是大众认知度较高的 B2C 类型。中小型企业在人力、物力、财力有限的情况下，应该选择合适的模式来拓展网络销售渠道。

3. C2C

C2C 是指个人对个人的电子商务模式。这是个人将商品发布到电商平台，让个人消费者购买的模式，淘宝网、拍拍网等就是 C2C 电子商务平台的典型代表。

C2C 也可称为消费者对消费者的交易模式，其特点类似于现实商务世界中的跳蚤市场。其构成要素除包括买卖双方外，还包括电子交易平台供应商，即类似于现实中的跳蚤市场场地提供者和管理员。

在 C2C 模式中,电子交易平台供应商起着很重要的作用。

首先,网络的范围如此广阔,如果没有一个知名的、受买卖双方信任的供应商提供平台,将买卖双方聚集在一起,那么双方单靠在网络上漫无目的的搜索是很难发现彼此的,并且也会失去很多的机会。

其次,电子交易平台供应商往往还扮演监督者和管理者的角色,负责对买卖双方的诚信进行监督和管理,并对交易行为进行监控,最大限度地避免欺诈等行为的发生,保障买卖双方的权益。

再次,电子交易平台供应商还能够为买卖双方提供技术支持服务。此服务包括帮助卖方建立个人店铺、发布产品信息、制定定价策略等;帮助买方比较和选择产品,以及电子支付等。正是由于有了这样的技术支持,C2C 的模式才能够在短时间内迅速为广大普通用户所接受。

最后,随着 C2C 模式不断发展成熟,电子交易平台供应商还能够为买卖双方提供保险、借贷等金融类服务,更好地为买卖双方服务。C2C 的表现形式如图 1-6 所示。

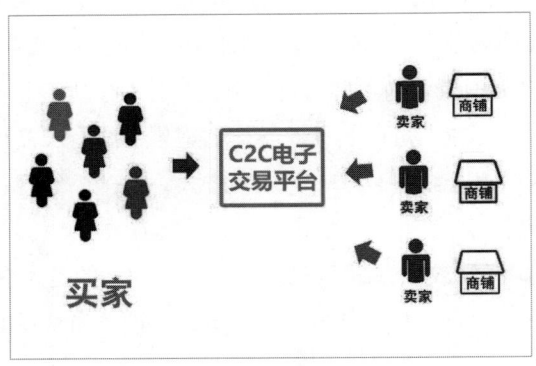

图 1-6　C2C 的表现形式

因此,在 C2C 模式中,电子交易平台供应商是至关重要的一个角色,它直接影响这个商务模式存在的前提和基础。目前淘宝网是全球最大的 C2C 电子商务平台。

4. O2O

O2O 模式,又称离线商务模式,是指线上营销、线上购买或预订(预约)带动线下经营和线下消费的模式。O2O 通过打折、提供信息、服务预订等方式，将线下商店的消息推送给互联网用户，从而将他们转换为自己的线下客户，较适合必须到店消费的商品和服务，如餐饮、健身、看电影和演出、美容美发等。O2O 的结构模型如图 1-7 所示。

图 1-7　O2O 的结构模型

当前最流行的 O2O 产品模式有两种。一种是 search 模式，典型产品如大众点评，当个人不知道要吃什么的时候（可能到了一个陌生的地方，也会陷入选择困境），就可以通过大众点评搜索一个他不熟悉的店铺，然后去消费。

另一种是 coupon 模式，典型产品如麦当劳优惠券、维络城、团购、Q 卡等，就是给人们提供打折券、抵用券，吸引人们去消费。微信会员卡虽然叫会员卡，但它提供的只是打折优惠，因此也属于这个范畴，只是换了一种形式。

近几年来，饿了么口碑外卖、美团外卖等 O2O 平台给人们提供了很大的想象空间。

1.1.4　电子商务的发展历程

若想了解电子商务的发展历程，就需要先了解电子商务的本质——零售。

1. 零售业的三次革命

19 世纪中期以前，零售业的主要商业形式是杂货店，而之后的欧洲产业文明，不仅提升了机器生产效率，还改变了人们的生活方式，商业极大地繁荣了起来。在这一背景下，零售业发生了第一次革命，出现了百货商店这一崭新的业态。商家利用招牌、橱窗、货架等陈列物品，引导顾客进行购买，这种经营方式是对传统模式的全面突破，实现了专业化经营，以优秀的品质和丰富的产品吸引顾客。

19世纪后期，这种商业模式从欧洲传入美国，改变了传统经营陋习，以明码标价的经营方针满足消费者的购买需求。而百货商店这种先进的经营方式是围绕着用户需求这个中心展开的。知名的百货商店包括美国梅西百货、中国的银泰百货等。

20世纪初，为了适应资本主义经济走向集中与垄断的需要，产生了集团性商业企业，形成了连锁店这种商业组织形态。连锁店的发源地在美国，它比独家商店更能显示其集团性商业企业的优势，经营成本更低，更具有竞争性。这样的商业组织模式，连锁周密，易于与消费者沟通信息，便于扩大推销，提升市场占有率。人们所熟知的7-11、肯德基、麦当劳等都是世界知名的连锁企业。

20世纪30年代之后，超级市场的诞生代表着零售业第三次革命的到来。超级市场这一商业业态诞生于美国，是为了适应大量生产、需要推销大量产品的形式而出现的一种零售变革。其兼备了前两次变革的优势：百货商店的规模大、产品多和连锁店的周转快、沟通成本低；加上自身的快速创新迭代，逐步发展成最适合现代化大生产的零售店模式。如美国沃尔玛、法国家乐福都是其中的佼佼者。

2. 中国电子商务发展历程

（1）萌芽期：1997—1999年。当时国内信息化水平较低，大众对电子商务知之甚少，加上互联网泡沫等因素，大部分电商网站举步维艰。

（2）调整期：2000—2002年。许多电子商务层面的问题开始暴露，当时接近三分之一的电商公司销声匿迹，市场大范围调整。

（3）复苏期：2003—2005年。以2003年淘宝网成立为标志性事件，短短几年时间，大量互联网用户开始接受并尝试网络购物。以此为契机，发展出淘宝、当当、卓越、聪慧等第一批初具规模的中国电商公司。

（4）成长期：2006—2007年。基础环境不断改善，加上国家和各地方政府的政策扶持，在物流、制度、诚信体系建设等方面的突破，让中国电子商务市场得以进一步快速发展。

（5）转型期：2008—2009年。中国电商行业进入成熟、稳定的发展阶段，各电子商务企业之间的竞争也趋于激烈。以"双11"为例，各电商平台开始打造属于自己的电商节日，在各搜索引擎之间也开始建立起相互的壁垒从而加剧各阵营的分裂。

（6）发展期：2010—2012年。作为电子商务行业的基础设施，物流行业在这一阶段大规模增长，网民数量和物流公司数量均保持极快的增长趋势。而伴随着各电商节日的不断成熟，各物流公司系统的日吞吐能力开始呈现爆发式增长。

（7）崛起期：2013年至今。电商行业发展逐渐呈现去中心化、去边界化、多行业跨领域全方位发展趋势。在这一阶段中，以唯品会、聚美优品、贝贝网等为代表的各垂直电商平台大放异彩。后期，电子商务发展阶段进入国际化、社交化的潮流之中。

1.1.5 电子商务的发展趋势

1. 国际化

根据Analysys易观发布的《中国跨境进口零售电商市场季度监测报告2018年第3季度》数据，2018年第3季度，中国跨境进口零售电商市场规模为842.6亿元。国际化是电子商务未来发展的一个核心趋势，以天猫国际为例，天猫国际年均增长率超过60%。图1-8所示为2013—2018年中国跨境电商市场规模变化情况。

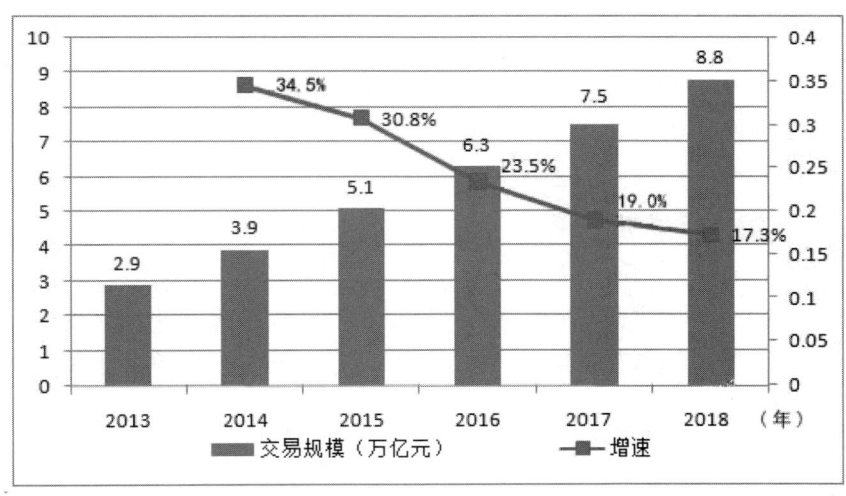

图1-8 2013—2018年中国跨境电商市场规模变化情况

在国内跨境电商市场的竞争格局中，天猫国际以30.2%的市场份额占据领先地位，其次是网易考拉和京东全球购。在跨境电商领域，阿里巴巴的优势不及传统电商领域那么明显，这也从侧面说明了在细分市场仍然存在许多向巨头挑战的机会。

中国跨境电商零售进口平台销售份额占比如图1-9所示。

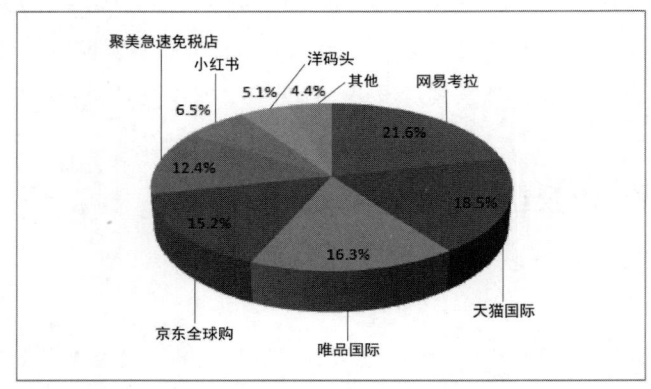

图1-9 中国跨境电商零售进口平台销售份额占比
（数据来自公开资料整理）

跨境电商正在国内如火如荼地展开，2018年11月6日阿里巴巴更是提出未来5年实现全球2 000亿美元进口额的目标。

而在国内的各电商网站中，网易考拉凭借海购的跨境电商心智在过去3年成功取得强势上升的市场成就。以网易考拉为代表的一众跨境电商平台的崛起，从侧面印证了中国综合国力的上升，中国消费群体中中产阶级崛起这一不可阻挡的历史趋势。相较于传统淘系市场而言，跨境电商市场的消费人群多集中于国内一二线城市，消费产品多集中于母婴、美妆等种类，而这一消费趋势和国内品牌在母婴、美妆等品类上的发展不均衡又是有很大关系的。

不仅仅在线上，跨境电商的浪潮也进一步延伸至线下，随着阿里巴巴对银泰、大润发等商超进行业态整合。这些传统线下消费企业正在被整合到整个新零售体系中去，并将为消费者提供越来越优质的消费体验。

2．社交化（社交电商）

社交＋电商将成为移动互联网时代永不落幕的话题。以微商为代表的社交电商的发展也在国内如火如荼地展开。随着移动互联网时代的全面来临，各电商平台要面对的核心问题是流量的去中心化。因此，无论是阿里巴巴还是京东这样的互联网巨头，都在向社交化的方向转型。社交电商的基础逻辑如图1-10所示。

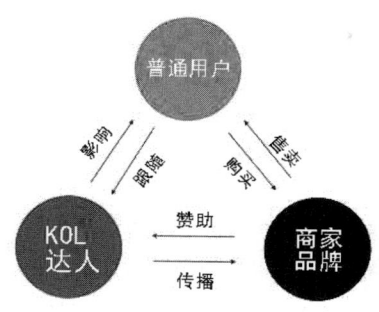

图 1-10 社交电商基础逻辑

相较于传统电商，社交电商的核心优势如下所示。

（1）引流更精准。相对于传统电商来说，社交电商是建立在互信的基础上的，消费的受众往往是达人粉丝或者是亲友，这本身是建立在一定的信任感之上的。因此，社交电商的平均转化率会远高于传统电商。

（2）推广更及时。社交电商的购物圈是围绕着熟人关系链进行延展的，由此可以实现购物信息的及时推送，并在一定的人群圈层内形成爆裂式传播，因此信息的同步效率将远高于传统电商。

（3）载体更齐全。相较于两大传统电商平台淘宝和京东而言，无论是消费的渠道，还是营销活动的方式，社交电商的模式都更加多样。以载体而言，微信公众号、微信小程序、微博，甚至知乎这样的社交平台都可以作为社交电商的平台载体。有许多达人就通过自己的公众号销售出不少产品。如罗振宇的"罗辑思维"卖书，和菜头的"槽边往事"卖酱等。

（4）营销模式更多样。通过社交场景的应用和小程序的自由开发，很多商家将特定的销售模式和营销活动搬到了线上，并通过社交场景进行裂变，如交互推广、拼团、分销、红包奖励、分享返还等方法，让品牌的传播变得更具主动性，也让传播更快速、更广泛。

（5）流量更去中心化。社交电商不是通过平台来分发流量的，而是通过社交和熟人关系来聚合流量的，这样的传播效率无疑是巨大的。相较于目前已经成熟的国内各电商巨头平台，社交电商的销售传播不受限于平台的各种制度，也没有平台上购买流量的支出成本，且社交网络对用户本身有一种筛选作用，更能精准地找到对产品有购买力和购买意愿的买家。

（6）二次营销更易触达。因为消费用户本身也是社交用户，基于网络效应，用户会长久并高频地活跃在其社交生态体系内,这也就意味着二次触达将更加高效,对于卖家而言,有效的二次营销的机会将大大增加。

目前微信的月活跃用户约为 10 亿名,这是一个巨大的用户池子,而且基于微信已经衍生发展出众多社交电商平台,如图 1-11 所示,并已演化成一个完整的生态。

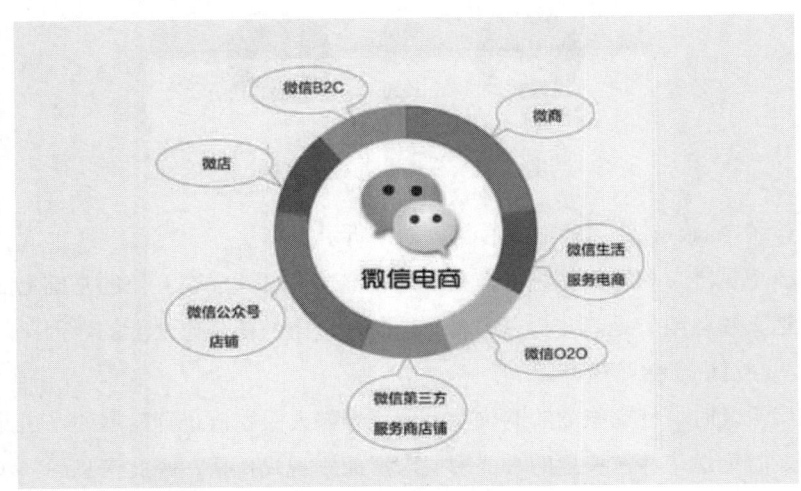

图 1-11　微信生态中的电商形态

从图 1-11 可以看出社交电商大致可以分为以下三类。

(1)B2C 电商,由品牌商家或者品牌直接对接消费者。蘑菇街、拼多多都属于这种类型。蘑菇街和拼多多的拼团表明它们有多种自助获客的方式。

(2)S2B2C 电商,平台和小 B(小商家)共同服务消费者,包括云集微店和爱库存等渠道。这类社交电商对消费者来说感知度不强,有的甚至没有统一的入口。其主要通过代购、自媒体小商家等一个个小流量主对接商家。

(3)第三方服务商,包括微赞、微店、51 赞等,为商家提供开发程序和运营工具等。这时,平台扮演的是一个赋能的角色。

1.1.6　关于新零售

新零售的本质是什么?是更高效率的零售!

那么，如何提高零售的效率呢？

答案是进行人、货、场的重构，如图 1-12 所示。

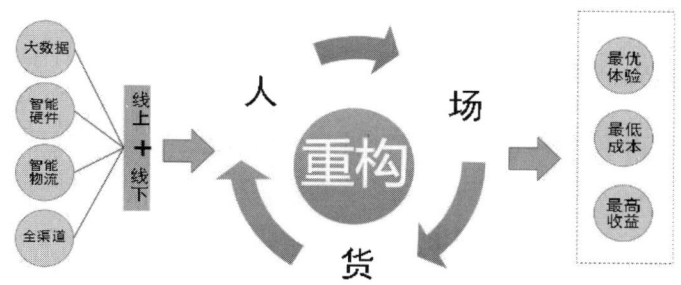

图 1-12　人、货、场的重构

人、货、场是零售行业中永恒的概念，不管技术与商业模式如何变革，零售的基本要素离不开"人""货""场"三个字。我们对它的解读如下。

选对的人（外：目标客群+内：销售人员）。

选对的货（风格+品类+价格波段+上市时段）。

在对的场（城市+商圈+地址+楼层+场景设计+环境布置）。

怎么实现人、货、场的重构？

1．人：以人为本，无限接近消费者的内心需求

在大数据时代，商家会比任何人都了解消费者。这实际上是新零售的核心吸引力，无限接近消费者的内在需求，并在任何情况下智能地推送消费者所需的信息。

例如，当消费者步行到南京路时，根据消费者的购物偏好、消费习惯生成的"购物指南"将被发送到消费者的手机："您最喜欢的 YSL 52 口红，第一百货正在活动中。"

2．货：更好的产品，转化效率更高的产品

在大产业时代追求的商业规则是大生产+大型零售+大型渠道+大品牌+大型物流，以最大限度降低企业的生产成本。然而，随着人们经济和生活水平的不断提升，货品价格可能不再是最重要的因素。

消费者对个性化消费产品的要求越来越高，人们将从大众化消费时代进入小众化消费时代，产品将变得更加个性化，给予消费者更多的情感交流。换句话说，从生产来源，"人"的需求将更好地被满足。

3．场：消费场景无处不在

当下，品牌与用户的触点，或者说消费场景，实现了量级的爆发式增加。门店、电商、电视等，途径更加多元化，消费者基本实现了随时随地购物的便利性。可以说，只要有屏幕和网络的地方，都可以实现商品的买卖。

未来，随着AR/VR技术的进一步成熟发展，消费场景将实现真正的无处不在，所见即所得，这也将给"人"的消费体验，带来极大的提高。传统电商的"场"就是在淘宝、天猫等电商平台上产生的；而现在的"场"既存在于线上，也存在于线下，只要是用户与货品产生联系的节点，都有"场"的存在。

电商的充分发展、商业地产格局的重组、消费观念的普及，以及供应链的积累这4个要素的成熟促进了新零售的最终产生，如图1-13所示。电商发展至今，已经开始倒逼线下。当线下购物中心越来越多，依据中国社会科学院财经战略研究院发布的《流通蓝皮书：中国商业发展报告（2016—2017）》，截至2016年9月5日，中国有近4 000家购物中心。2025年，这个数字将会上升到10 000家，网上购物变得越来越昂贵，线下零售面临巨大压力。但是新零售绝对不是简单的O2O模式，新零售业态得以产生的基础是中国零售基础设施建设的逐步完善，且新零售的规模将远高于目前国内存在任何一种现存的旧零售业态，这是一个过渡的阶段。

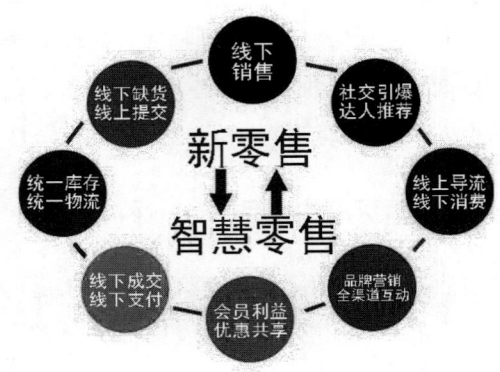

图1-13　新零售将会取代电子商务成为整合联通大零售市场的新零售形式

1.2 主流电商平台简述

1.2.1 淘宝网

淘宝网是亚太地区较大的网络零售商圈,由阿里巴巴集团于 2003 年 5 月创立。截至 2018 年,淘宝网的年活跃用户为 6 亿名,日活跃用户约为 2 亿名,在线商品数量超过 10 亿件;在 C2C 市场,淘宝网占据了国内 90%以上的市场份额。随着规模的扩大和用户数量的不断增加,淘宝网也从之前单一的 C2C 网络集市变成了如今包括 C2C、分销、拍卖、直供、众筹、定制等多种电子商务模式在内的综合性零售商圈。淘宝网的主要产品如下所示。

1. 阿里旺旺和千牛

阿里旺旺是一种即时通信软件,可供网上注册的用户之间通信使用。阿里旺旺是淘宝网官方推荐的沟通工具,且淘宝网支持用户以网站聊天室的形式进行通信,淘宝网交易认可阿里旺旺交易聊天内容保存为电子证据。阿里旺旺的登录界面如图 1-14 所示。

图 1-14 阿里旺旺的登录界面

随着商家对手机端聊天要求越来越高,阿里巴巴推出了千牛工具,目前已有电脑版和手机版。通过千牛人们能够及时了解店铺数据信息,方便卖家更好地经营店铺,如图 1-15 和图 1-16 所示。

图 1-15　千牛电脑版登录界面

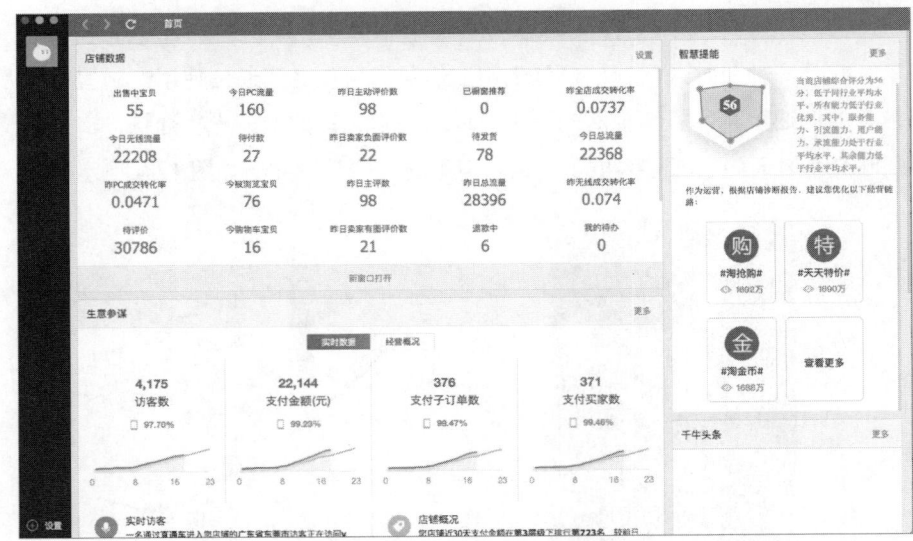

图 1-16　千牛电脑版界面

2．淘宝店铺

淘宝店铺是卖家在淘宝网进行商品销售的载体。淘宝网已经累积了上千万个大小淘宝商家，每个商家都对应着一个淘宝店铺。淘宝店铺申请成功后，可以像实体店一样将商品发布到店铺，然后对店铺进行装修优化，如图 1-17 和图 1-18 所示。

图 1-17 淘宝店铺举例（PC 端）

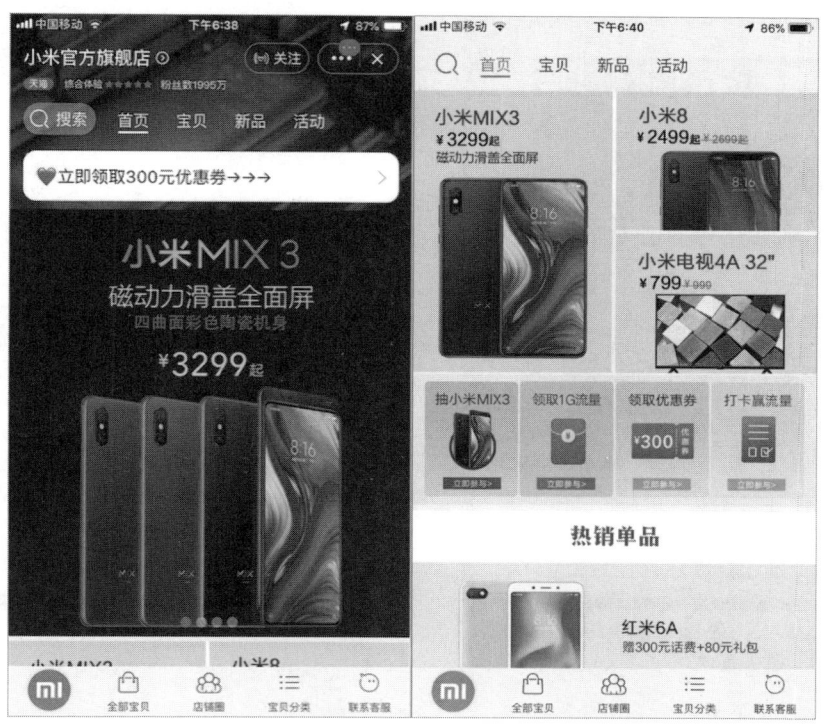

图 1-18 淘宝店铺举例（无线端）

值得注意的是，目前淘宝店铺的流量结构，绝大部分店铺的无线流量占比达到 95%以上。

3. 手机淘宝首页

目前手机淘宝的年活跃用户数超过 6 亿名，进入无线互联网时代以后，淘宝平台上的绝大部分交易都是在无线端产生的。而手机淘宝首页是一个巨大的流量分发场景，那么手机淘宝有哪些特点呢？

如图 1-19 所示，搜索框的位置是用户进行淘宝产品搜索的主入口，可以让用户快速找到自己需要的产品，也是淘宝最大的流量来源。目前，搜索流量对淘宝整体来说占比约为 80%。

如图 1-20 所示，所框选的位置是淘宝智钻展位及千人千面流量分发板块。智钻是阿里妈妈提供的商家广告工具，故可以看到轮播图左下角有"广告"字样。

图 1-19　淘宝 App 首页搜索框

图 1-20　淘宝 App 首页钻展轮播

图 1-21 所示为淘宝 App 首页的导航频道区块，对进入手机淘宝的用户进行消费引导。首页导航栏呈现的入口往往是对阿里巴巴有重要战略意义的产品或者是用户转化效率最高的产品，如聚划算和天猫超市。

图 1-22 所示为淘宝首页核心频道的入口，如淘抢购、有好货等。如同首页导航栏，这里也是平台进行流量分发的核心渠道。不同的是，这里素材和产品的展现是千人千面的，目的是为不同的用户提供不同的产品曝光，提高平台的综合转化效率。

 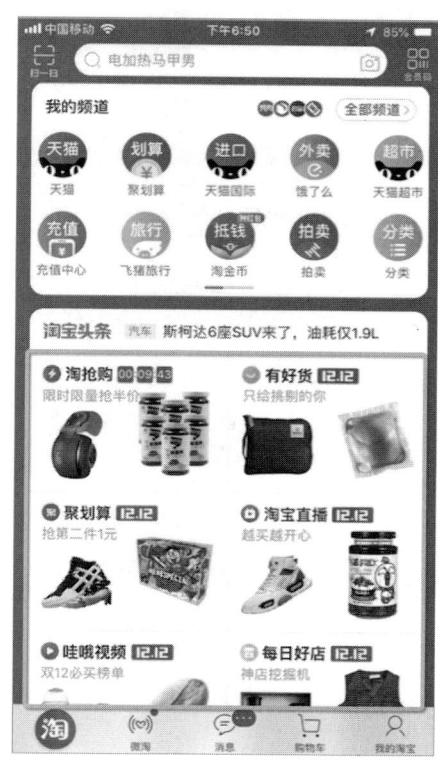

图 1-21　淘宝 App 首页导航频道区块　　图 1-22　淘宝 App 首页核心频道入口

如图 1-23 和图 1-24 所示，淘宝首页二屏以下的内容均为千人千面板块，这也表明了淘宝向内容电商和社交电商方向转型的决心。

 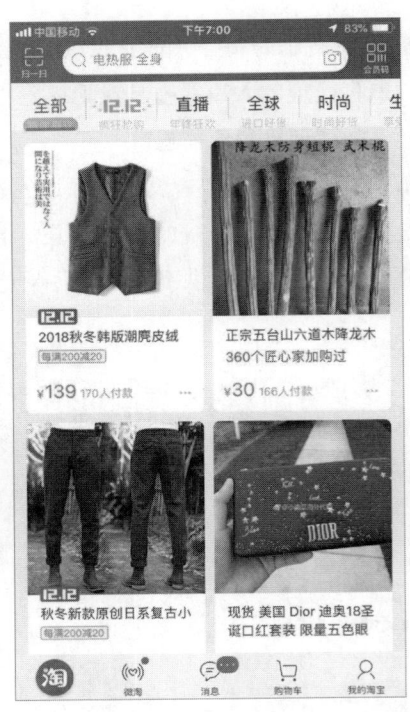

图 1-23　淘宝 App 首页第二屏　　　　图 1-24　淘宝 App 首页第三屏

淘宝首页业务模块的流量分发设计，由 4 大块组成：精准搜索功能（搜索）+入口导流展示（推荐）+活动专题（推荐）+千人千面产品推荐（推荐）。从上面的业务模型可以看出，淘宝目前面对的最大问题是流量红利的结束，因此基于现有流量进行精准化的推荐以提高转化率就成了淘宝继续提升 GMV（网站成交金额）的唯一办法。

4．聚划算

淘宝聚划算是阿里巴巴集团旗下的团购网站，淘宝聚划算是淘宝网的二级域名，该二级域名正式启用时间是 2010 年 9 月。淘宝聚划算依托淘宝网巨大的消费群体。2011 年，淘宝聚划算启用聚划算顶级域名，官方公布的数据显示其成交金额达 100 亿元，帮助千万网友节省费用超过 110 亿元，已经成为展现淘宝卖家服务的互联网消费者首选团购平台，确立了其国内最大团购网站的地位。

进入后聚划算时代之后，聚划算已经不仅仅是一个团购网站，更加成为品牌化运营的发声渠道，更加强调"品效合一"。如图 1-25 和图 1-26 所示为两款商品的宣传图。

图 1-25　冈本 x PUMA 聚划算超级 CP 日活动宣传图　　图 1-26　良品铺子天猫欢聚日宣传图

5. 淘宝平台发展趋势

考虑到许多人都会选择淘宝平台开始展开自己的创业项目，那么接下来本书将对淘宝平台的发展趋势进行简单的阐述。

全国约有 36％的服装和鞋子在淘宝及天猫售出，且这一比例仍在持续增加。线下客户群已逐渐往线上发展，许多人开始创业，且大部分都选择了淘宝。淘宝用户人群区间为 16～60 岁，消费者群体也在扩大。因此，淘宝的发展的空间还是比较大的。目前，淘宝仍然是中国电子商务的代名词，它对中国电子商务的影响是巨大的。

在移动互联网浪潮下，低入驻门槛的淘宝正面临着前所未有的激烈竞争。主要原因有两个：一是平台入驻门槛低，导致商家众多，竞争尤为激烈；二是平台流量红利见顶，导致商家获取流量越来越艰难。在这样的情况下，对于普通商家来说有如下几个努力方向。

一是持续提升买家的用户体验，从主图详情的设计、客服的话术优化、关联搭配合理性和包裹体验等多个方面进行全方位持续提升。

二是持续提高卖家经营效率，从人员安排、业务模块划分、业务伙伴选择等多个方面进行提升。

三是提高商品的流转效率,保证自己的项目现金流不出现问题,维持好"生命线"。

四是提升卖家自身的营收能力,从店铺产品选款、竞品对标、推广投入等多方面提升自身的竞争实力。

从商家的角度考虑,这四大基本方向覆盖了产业链的全部环节,控制了信息流、现金流、物流的走向,全都是决定淘宝卖家生命线的大事。淘宝平台的运营很可能在未来也会继续坚定这四大基本方向,继续深耕。

而站在平台的角度,如前文所提,面对持续下滑的平台用户增长率,淘宝正在向内容化和社交化的方向展开新的业务尝试。而在这些业务尝试中,淘宝直播、短视频、微淘等工具的推出格外引人注意。

图 1-27 和图 1-28 所示为淘宝直播的展示图,淘宝直播是阿里巴巴推出的直播平台,定位于"消费类直播",用户可"边看边买"涵盖的范畴包括母婴、美妆、潮搭、美食、运动、健身等。

图 1-27　淘宝直播频道首页

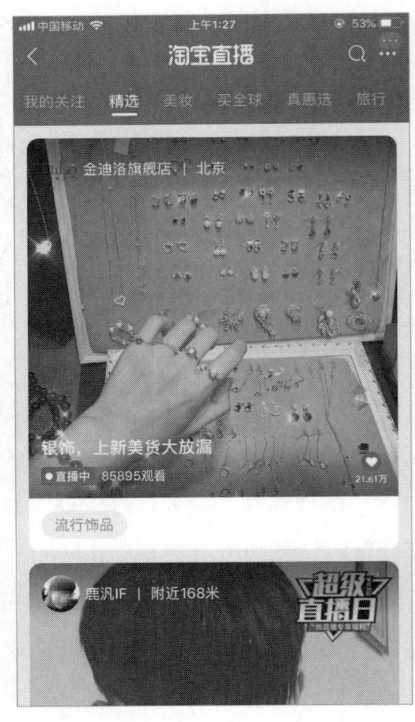

图 1-28　淘宝直播频道第二屏

而依托于淘宝直播平台，有一大批"销售达人"开始崭露头角，薇娅就是其中的佼佼者，她是 2016 年 5 月开始直播的主播，她的直播场均观看人数超过 80 万，9 月引导成交额惊人——1 亿元。2016 年，她包揽了淘宝直播盛典最受粉丝追捧主播、最具商业价值主播等 6 项大奖。而借势直播，薇娅的淘宝鞋店和服装店都飞速发展，2017 年的总销售额已接近 3 亿元。虽然从卖家总体数量上来说真正有号召力的主播达人有限，但是对于广大中小卖家来说，淘宝直播已然成为快速积累粉丝和提高销量的有效方式。

除淘宝直播这样的内容化营销方式外，淘宝也在搜索端和站外进行尝试，最明显的是产品首焦短视频和抖音对淘宝的直达跳转。

在短视频方面，如图 1-29 和图 1-30 所示，目前已经对短视频结果进行了搜索排序。

图 1-29　淘宝头图短视频　　　　图 1-30　淘宝头图短视频搜索排序

在站外导流方面，抖音作为近来最大的内容流量池，淘宝自然也不会放过现成的流量引导机会，如图 1-31 所示。

图 1-31　抖音跳转淘宝

而在淘宝店铺自身的粉丝运营上,"微淘"作为一个粉丝运营工具,在功能上也已经得到了较为完善的开发。如图 1-32～图 1-34 所示,微淘既能满足商家与用户交流的需要,成功的微淘内容也可以凭借其优质的内容品质获得来自淘宝平台的公域流量,从而扩大店铺自身的粉丝人群和销售规模。

图 1-32　微淘－淘宝 App 首页入口 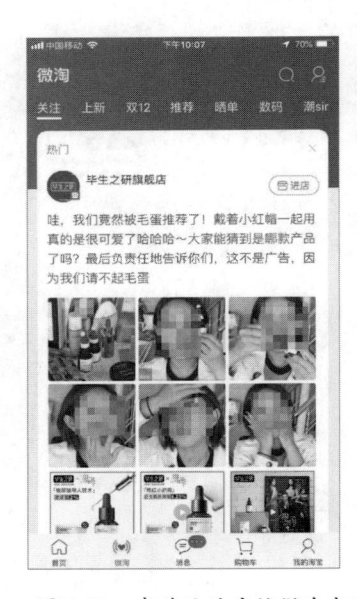　　　图 1-33　我关注的店铺微淘内容

图 1-34　微淘配置商家后台

1.2.2　天猫商城

　　天猫商城（简称天猫）原名淘宝商城，是一个综合性购物网站。2012 年 1 月 11 日，淘宝商城正式宣布更名为"天猫"。2012 年 3 月 29 日天猫发布全新 Logo 形象。2018 年 11 月 11 日，天猫在"双 11"狂欢节全天交易额达 2 135 亿元，创多项世界纪录。天猫是阿里巴巴重要的战略部署，其整合数万家品牌商、生产商，为商家和消费者提供一站式解决方案。它提供了有品质保证的物美价廉的商品、7 天无理由退货的售后服务，以及购物积分返现等优质服务。之后，阿里巴巴集团宣布天猫国际正式上线，为国内消费者直供海外原装进口商品，开辟境外市场。天猫商城主站如图 1-35 和图 1-36 所示。

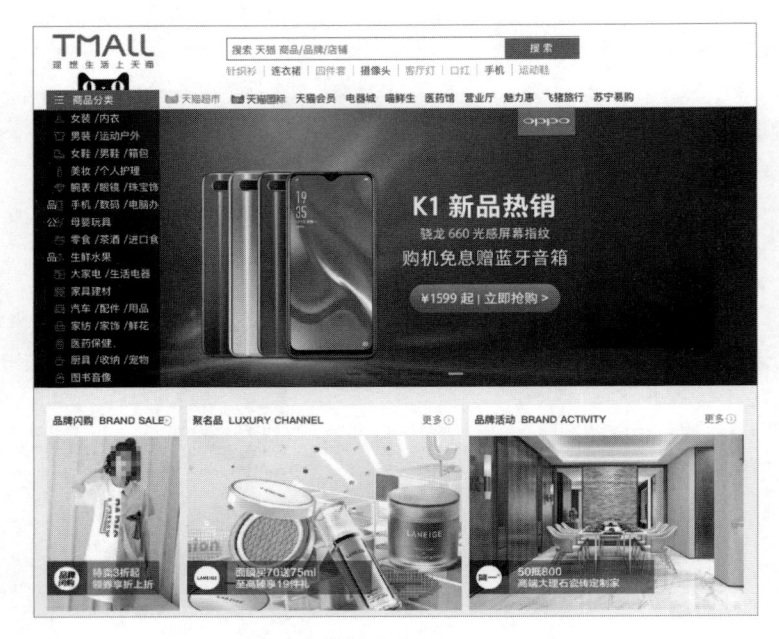

图 1-35　天猫商城主站（PC 版）

图 1-36　天猫商城主站（无线版）

1.2.3 京东商城

京东于 2004 年正式涉足电商领域，2017 年，京东集团市场交易额约为 1.3 万亿元。京东是中国的综合网络零售商，是中国电子商务领域深受消费者欢迎和具有影响力的电子商务网站之一，在线销售家电、数码通信设备、电脑、家居百货、服装服饰、母婴、图书、食品、在线旅游等 12 大类、数万个品牌、超百万种优质商品。2012 年，京东在中国自营 B2C 市场占据 49%的份额，凭借全供应链继续扩大在中国电子商务市场的优势。目前，京东已经建立华北、华东、华南、西南、华中、东北等物流中心，并在全国超过 360 座城市建立核心城市配送站。京东商城主站如图 1-37 和图 1-38 所示。

图 1-37　京东商城主站（PC 版）

图 1-38 京东商城主站（无线版）

整体而言，在运营端口，京东和天猫的差别不大。从产品成熟的角度来说，天猫的后台工具、数据分析产品和商家分析工具都会优秀一些；但是在销售的本质上，京东和天猫的流量、转化、客单价等基本因素的相互关系是一致的。

但京东和天猫仍存在本质上的区别。京东的业务整体上分为自营和 POP 店两部分。在自营部分，京东对品牌是经销商的身份，也就是说京东自营的所有商品，都是京东向商家进行商品采购，然后由京东仓储进行物流运输和快递分发的。这也是人们在京东上购买商品以后能够拥有较好的用户体验的核心原因，因为京东将整个消费链都掌握在了自己的体系内。而天猫是纯平台模式，本质上只为商家提供流量。除流量分发外，商品的打包、运输、派发大部分都是由商家自己和快递公司合作完成的，因此导致了不同的天猫店铺，在产品质量和客户服务上天差地别。

目前，京东在物流方面的投入越来越显现它的价值，而且一二线城市的用户对京东的偏爱程度也是比较高的。当然，阿里巴巴也不甘示弱，正在通过更加严苛的商家考核和菜鸟物流的建立来减小和京东之间的差距。

1.2.4 其他平台

淘宝、天猫、京东作为最主要的电商平台，占据了中国电商平台的大部分市场份额。但是，其他电商平台也在不断涌现。例如，当当网、唯品会等垂直电商平台；云集、小红书、拼多多等社交电商平台；网易考拉、洋码头等跨境电商平台也都是目前比较热门的电商平台。不同的电商平台均有自己的特色，如当当网就以图书为其主要商品。中国主流电商平台如图 1-39 所示。

图 1-39　中国主流电商平台

1.3　本章要点

（1）了解电子商务的基本概念。

（2）了解电子商务包含的具体内容，以及 B2B、B2C、C2C、O2O 的区别。

（3）对主流电商平台有全面认识，并能分清主流电商平台之间的核心差异。

1.4　本章习题

（1）列举 B2B、B2C、C2C、O2O 的主要代表企业。

（2）简述手机淘宝首页的平台流量分发逻辑。

（3）简述未来淘宝的发展趋势和发展方向。

第 2 章

主流电商平台网上开店说明

2.1 开业前准备

开业前准备包括市场数据的分析、确定开店的方向、了解电商零售平台规则,以及开店前货源的准备。

2.1.1 市场数据的分析

市场数据的分析主要包括分析行业数据及大盘走势,以及分析产品人群。下面介绍如何分析行业数据及大盘走势。

1. 分析行业数据及大盘走势

在进行分析前,首先要了解行业的数据及大盘的走势。

了解行业数据和大盘走势最好的方法,就是通过生意参谋里面的数据来查看。先打开一家经营电脑桌的淘宝店铺后台,来查看一下电脑桌的市场数据及大盘走势。打开"生意参谋"→"市场"→"搜索分析",如图 2-1 所示。

图 2-1　生意参谋市场分析

通过搜索分析,人们可以很清晰地查询到行业里面一些重点关键词的搜索人气的变化趋势及与关键词相关的搜索词、关联品牌词、关联修饰词、关联热词的搜索人气、搜索热度、点击率、点击人气、点击热度等重要数据，如图 2-2 所示。

图 2-2　生意参谋相关搜索词

现在我们输入"电脑桌"关键词，查看市场的各项数据变化，如图 2-3 所示。

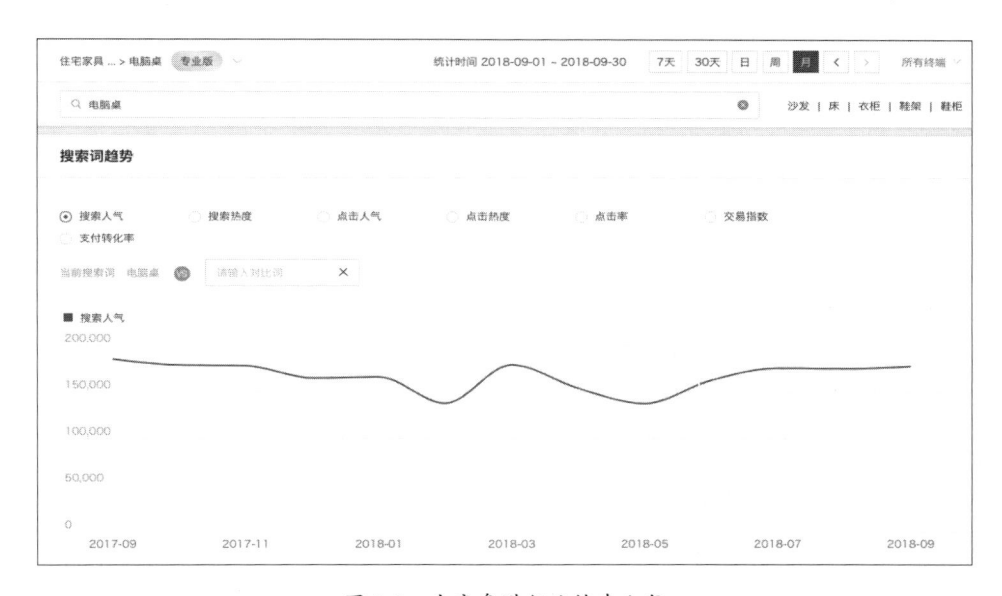

图 2-3　生意参谋行业搜索人气

通过图 2-3 我们可以看到，这个行业重点关键词的搜索量变化趋势是比较平稳的，且没有明显的季节性变化，三月份左右和六月份以后行业搜索量上升比较明显，其他时间的搜索量没有较大的波动。接下来我们看一下电脑桌行业大盘的走势，单击"市场大盘"查看一下电脑桌类目下面的市场大盘的走势，如图 2-4 所示。

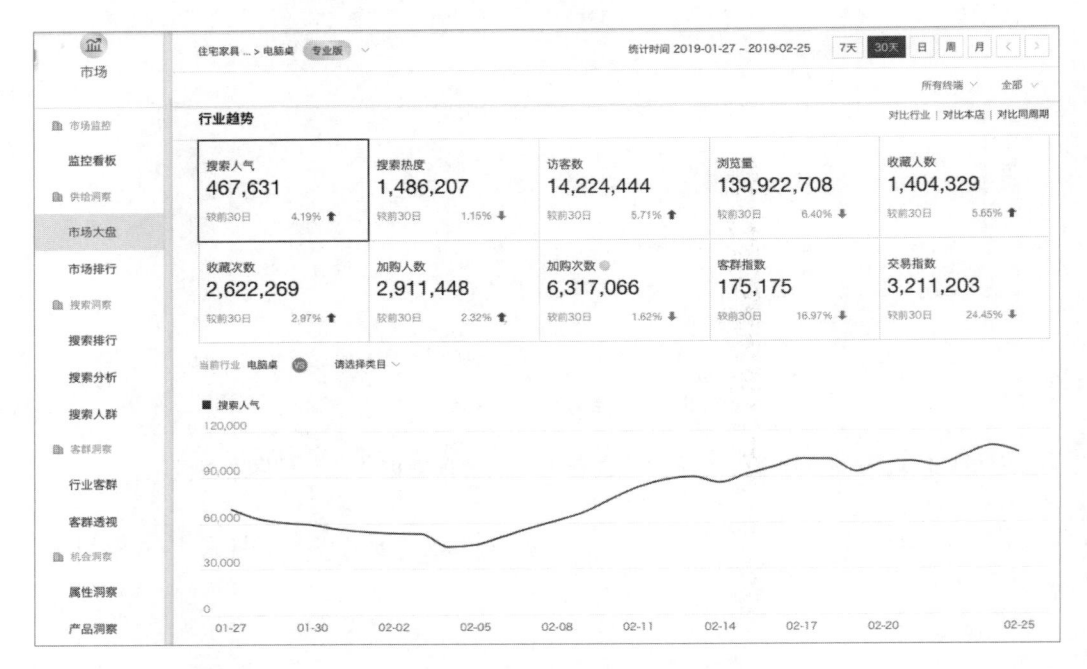

图 2-4 生意参谋市场大盘

通过图 2-4 所示的市场大盘的走势我们可以看到，二月份行业搜索人气是一直在上升的。因此，通过"搜索分析"搜索市场重点关键词及"市场大盘"的走势可以发现，从事此行业，必须抓好二月份和十月份这两个时机。

通过"生意参谋"→"市场"→"搜索分析"分析数据，是我们观察市场趋势及大盘走势的重要手段，在决定进入哪一个行业之前，首先要学会通过分析行业的数据及看大盘的走势来了解行业的基本情况。在分析其他重点关键词的时候，也可以通过生意参谋的"市场"来进行多数据的分析和调查。

需要注意的是，以上的所有数据需要安装"生意参谋标准版"及以上版本，才能拥有此功能。

2．分析产品人群

分析产品的人群可采用"生意参谋"→"市场"→"搜索人群"来完成查询，重点分析性别、年龄、职业、省份、城市、品牌偏好及类目偏好。

电脑桌这个产品市场人群的一些数据特征如图 2-5 和图 2-6 所示，通过这些数据可以更好地去了解这个产品的特性，查询到不同性别、不同年龄、不同省份、不同职业人群的一些搜索热度及对品牌类目的偏好，在进入一个行业之前可以通过"生意参谋"→"市场"→"搜索人群"分析产品的人群特性。

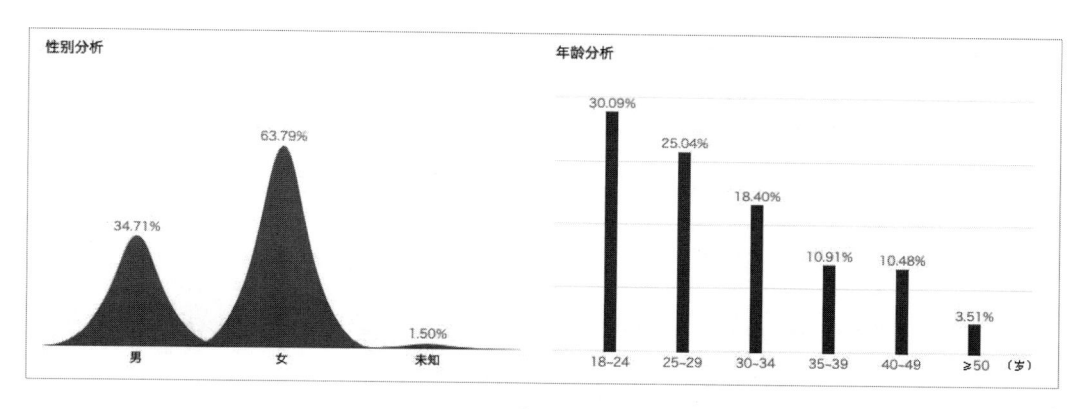

图 2-5　生意参谋人群画像分析

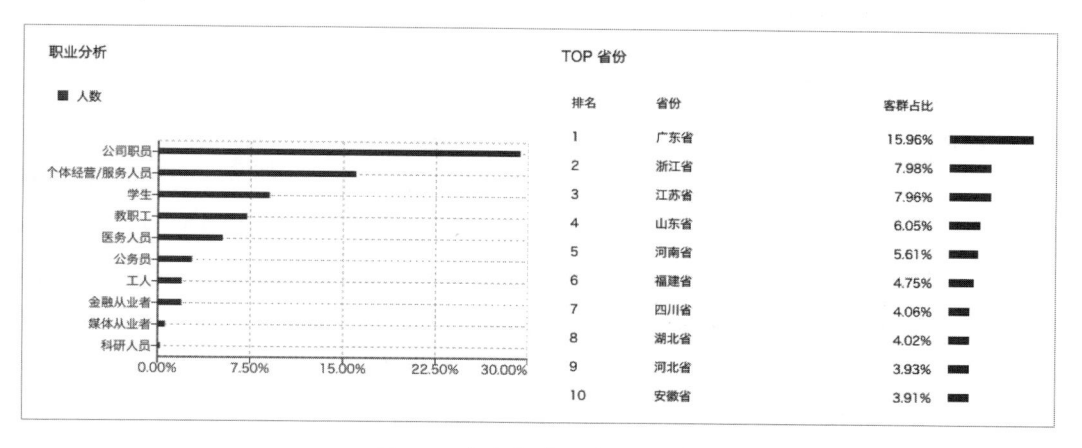

图 2-6　生意参谋人群地区分析

2.1.2 确定开店的方向

在分析完整个行业的大数据及产品数据之后，就可以确定开店方向了，开什么样的店铺代表进入什么行业。每个行业都有自己精彩而痛苦的一面：大类目有更多空间但很辛苦，小类目较轻松但空间有限。在正式推开淘宝这扇大门之前，一定要慎之又慎地选择自己要开的店铺，根据自己手头已有的资源进行匹配。踏入一个陌生的领域前要做好苦战的准备，最好是对供应链有一定控制力，这样开起店来才能减少后顾之忧。

2.1.3 了解电商零售平台规则

在正式开店之前，需要先来了解一下电商零售平台规则。

电商零售平台规则，分为基础规则、行业市场规则、营销活动规则三大部分。

1. 基础规则

电商基础规则较为繁复，分为淘宝网买家注册规则、支付宝与淘宝账号绑定规则、商品发布管理规则、店铺名及其他信息规则、淘宝网用户行为规则、淘宝网评价规则、信用炒作与侵犯知识产权规则、阿里旺旺（千牛）使用规则、社区发帖规则、投诉与举报规则，以及支付宝交易纠纷处理规则。

1）淘宝网买家注册规则

注册成为一个淘宝网正式买家之前，先要阅读一下买家注册规则。

（1）注册流程。进入淘宝网主页后，单击首页的"免费注册"按钮，页面显示新会员注册页面，根据提示填写基本信息，包括会员名、密码、邮箱等信息。其中标"*"的为必填项。阅读页面下方的《淘宝网服务协议》和《支付宝服务协议》。若无异议，请单击"同意协议"按钮同意服务条款并提交注册信息。注册会员必须年满18岁。

电子邮件确认激活：淘宝会发送一封确认邮件到你的注册邮箱。不要关闭启动账户的页面。如果没有收到确认信，则可以在该页面更改电子邮件地址，具体情况可以查看"重新收取激活信"。登录注册时填写的邮箱，找到淘宝发送的确认邮件。单击邮件中的确认链接，注册完成。

（2）会员名要求。淘宝会员名一经注册就不能更改，人们应选择自己喜欢并能牢记的，最好使用中文会员名。在选择其淘宝会员名、淘宝店铺名或域名时应遵守国家法律法规，不得包含违法、涉嫌侵犯他人权利、有违公序良俗或干扰淘宝运营秩序等相关信息。淘宝网会员的会员名、店铺名中不得包含旗舰、专卖等词语。

会员名注册后无法自行修改。会员名由 5~20 个字符（包括小写字母、数字、下画线、中文）组成，一个汉字为两个字符。

建议填写后先单击"检查会员名"，查看该会员名是否已经有人使用。检测后如果出现绿色提示"该会员名可用"，则可以选用此会员名；如果出现红色提示"该会员名不可使用"，则应选择新的会员名。

如想注销会员名，那么该会员名必须无任何交易行为（如出价、购买、出售、投诉举报、评价等）。

需要注意的是，如果被注册的会员名绑定的支付宝账户未通过实名认证、连续 6 个月未登录淘宝或阿里旺旺、不存在未到期的有效业务，有效业务包括但不限于红包、淘金币、集分宝、天猫点券等虚拟资产及其他订购类增值服务等，淘宝有权收回该会员名。

（3）密码的设置。

① 密码由 6~16 个字符组成。

② 单独使用英文字母、数字或符号作为密码的安全性很低。为保证安全，请使用英文字母、数字、符号的组合密码。

③ 确认密码需要跟上面填写的密码完全一致。

（4）电子邮件的填写。输入一个常用的电子邮件地址。淘宝会向这个邮箱发送确认邮件和所有与交易相关的邮件，此邮件地址会经常使用。

淘宝会员的邮箱地址具有唯一性，因此注册时输入的邮箱地址必须是之前未注册过淘宝的。

（5）检验码。应确认自己的输入法是在英文的半角状态，只有在这个状态下输入校验码才有效。

2）支付宝与淘宝账号绑定规则

支付宝账户和淘宝账户只能进行一对一的绑定。淘宝账户若绑定了认证过的支付宝账户，则意味着其淘宝 ID 通过了支付宝认证。

一个身份证可以对多个支付宝账户进行认证，但是由相同身份证认证的支付宝账户只能选择其中一个与淘宝 ID 进行绑定。如果由某身份证认证过的支付宝账户已经绑定了淘宝某账户，那么其余由该相同身份证认证的支付宝账户将不能与其他任何淘宝 ID 成功绑定。

3）商品发布管理规则

淘宝网制定的商品发布管理规则如下。

（1）禁止和限制交易物品发布管理规则：禁止发布的货物包括毒品、发票、股票、债券、证券、彩票、政府文件、伪造品、黄色淫秽物品、含有反动、淫秽、种族或者宗教等其他法律禁止内容的出版物、文件、资料等，非法所得之物，易燃、易爆、有毒、有腐蚀性的化学物品，管制刀具，香烟等烟草制品，香烟形式出现的烟盒、烟标等，任何侵犯他人知识产权等的物品，药品，医疗器材，E-mail 地址列表，无注册的磁带或者光盘，共享软件。

限制发布的物品：文物、动物、植物、外币、地铁票、酒精饮料、集邮票品。

（2）重复铺货商品发布管理规则：同款商品不允许不同颜色、不同大小规格、附带不同的附赠品或附带品等分别发布；同款商品，通过更改其价格、时间、数量、组合方式及其他发布形式进行多次发布时，属于重复铺货商品。

（3）商品价格或邮费不符的商品发布管理规则：商品价格或邮费不符主要包括两种形式：一是商品的价格和邮费，违背市场规律和所属行业标准（包含但不仅限于如下情况："雪纺吊带衫"，一口价 1 元，平邮 100 元）；二是商品的价格和描述价格严重不符（包含但不仅限于如下情况：商品发布一口价为 1 元，但是却在宝贝描述中标注产品为其他价格）。

（4）信用炒作商品发布管理规则：为了获得信用，在网店发布如下商品属于炒作信用，包括发布纯信息、发布免费获取、低价商品、发布 1 元及 1 元以下服务类商品，等等。

（5）广告商品发布管理规则：对于商品描述不详、无实际商品、仅提供发布者联系方式及非商品信息的商品（住宅类除外），淘宝网均将其判定为广告商品。

（6）乱用关键词商品发布管理规则：卖家在商品名称中乱用品牌名称或与本商品无关的字眼，淘宝网判定其相关商品为乱用关键词商品。

（7）放错类目/属性商品发布管理规则：商品属性与发布商品所选择的属性或类目不一致，或将商品错误放置在淘宝网推荐的类目下，淘宝网判定其为放错类目商品。

（8）标题、图片、描述等不一致商品发布管理规则：所发表的商品标题、图片、描述等信息缺乏或者多种信息相互不一致的情况，淘宝网判定其为形式要件违规商品。

（9）处罚规则：自然季度内，由于违反商品发布管理规则，累计满 30 件时将会被处罚限制交易一周，满 60 件时会被限制交易一个月，同时将关闭其店铺并下架所有未出价商品。每一自然季度将对未处于限权状态会员的累计数字进行清零；处于限权状态的会员限权到期，累计数字也会清零，重新累计。

4）店铺名及其他信息规则

具体规则如下。

（1）别具一格、独具特色。在店铺名上体现出一种独立的品位和风格，吸引浏览者的注意。

（2）简洁通俗、朗朗上口。店铺名要简洁明了、通俗易懂且读起来要响亮畅达。如果招牌使用字生僻，就不容易为浏览者所熟记。

（3）用一些符合审美观的字样。不要剑走偏锋，为引人注意而使用一些阴晦低俗、惹人反感的名字，这样的结果会适得其反。

（4）商品名称中尽量添加更多容易被搜索的关键词。

（5）商品的品牌、产地一个都不能少。把产品的品牌、产地一一罗列出来，不但会提高产品被搜索的概率，同时还可提高产品的基本信用，让买家感觉很规范。

（6）少采用稀有的关键词，多用易记的普通文字。商品名的字数最多不能超过 30 个汉字，即 60 个字符。关键词也不要融入太多，一般为 2 个关键词组合，尽量融入 3 个关键词。然后加上产品卖点、特点、优势、促销点等即可。标题可不过于注重语法问题，尽量简洁易懂，也不要写得太花里胡哨。

（7）与自己的经营商品相关。店名用字要符合自己所经营商品的特点，要选择一个让人从名字就能看出经营范围的店名。如果名字与商品无关，很可能引起浏览者的反感。

（8）个人认证店铺名称不得包含让用户混淆的词汇，包括但不限于特许经营、特约经销、总经销、总代理、官方、代理、加盟、授权、直营等（企业认证店铺也不能使用），个人认证的店铺名不得包含"经销"（通过企业认证并且工商亮照的店铺才能使用）。另外，"旗舰"与"专卖"是天猫的特有词，不得出现在除天猫外的店铺名中（企业认证店铺也不能使用）。

5）淘宝网用户行为规则

（1）一般违规（A类扣分）。

① 违规发布商品，是指除发布禁止发布的商品外，其他违反《商品发布管理规则》的行为，包括但不限于放错类目、信用炒作商品、无图片或者图片不符、重复铺货、商城空挂商品（商城卖家在买家付款前且商品显示有足够库存的情况下，表示不能即时进行交易的行为）等。

② 炒作信用，是指以增加积累会员信用为目的，以虚构交易事实为手段，企图或已实施足以影响他人积累会员信用的行为。

③ 发布未经准入商品，是指会员未经淘宝备案或审查，发布有准入要求的商品或信息。准入要求包括卖家准入要求和商品准入要求。

④ 滥发信息，是指用户未按本规则及淘宝发布的其他管理内容（包括但不限于规则、规范、类目管理标准、行业标准等）要求发布商品或信息，妨害买家权益的行为。

⑤ 违规出价，是指在短时间内大量拍下商品且不付款等非正常出价行为，已经或可能扰乱网站交易秩序的行为。

⑥ 骚扰他人，是指会员对他人实施骚扰、侮辱、恐吓等妨害他人合法权益的行为。

⑦ 付款未发货，是指非商城卖家在买家付款后，被投诉以无货等理由拒绝即时发货，或在系统中操作发货实际却未发货的行为；商城、电器城卖家在买家付款后，被投诉在72小时内未完成发货的行为。

⑧ 恶意评价，是指评价人以本人或他人之名，以损害被评价人利益或谋求个人不正当利益为目的，通过夸大或捏造事实，对被评价人做出有违公序良俗或淘宝认为不当的评价；或以差评、中评等对被评价人进行侮辱、诽谤、胁迫的行为。

⑨ 网上描述不符，是指买卖双方在淘宝网上成交后，买家收到的商品与卖家发布该商品信息时的描述不符，包括买家投诉卖家有可被客观证据证明的售假行为。

⑩ 未履行承诺之服务，是指淘宝介入后，由淘宝判定买家发起的退货退款理由成立，但卖家拒绝向买家或相关人士返还商品价款及邮费（含投诉商品回邮邮费）的行为；或卖家拒绝履行其在加入淘宝特定的局部市场、平台或申请使用淘宝特定的技术服务时所承诺的服务；或卖家拒绝履行其在商品详情页面、与买家使用阿里旺旺交流时所承诺的物流服务、提供发票服务、退换货等售后服务、包维修等售后服务等。

⑪ 违规注册，是指会员通过软件或非法渠道，大批量恶意注册淘宝账号，扰乱淘宝秩

序或加大网站系统平台负荷的行为。

⑫ 违反消费者保障服务质量规定，是指违反消费者保障系列相关规定的行为。

⑬ 违反商城积分规定，是指违反《淘宝商城积分规则》的行为。

⑭ 违反商城店铺规范，是指违反《淘宝商城商家店铺规则》的行为。

⑮ 违反商城支付方式，是指违反《商城商家销售行为规则》关于商城支付方式规定的行为。

⑯ 违反商城发票规定，是指违反《淘宝商城发票规则》的行为。

⑰ 商城人气炒作，是指违反《商城商家销售行为规则》，进行人气炒作的违规行为。

⑱ 违反商城商品评论规定，是指违反《商城商品评论发布规则》的行为。

⑲ 违反淘宝其他协议、规定或其他违反法律、道德或公序良俗的行为，是指违反淘宝其他协议、规定，或其他有违各项行政法规、地方性法规、国家政策、社会道德及公序良俗的行为。

（2）严重违规（B类扣分）。

① 泄露他人信息，是指有证据证明会员违反淘宝网关于发布信息的规定，未经允许发布、传递他人的隐私信息。

② 发布违法、违规商品或信息，是指违反《淘宝禁售商品管理规范》《阿里旺旺使用规则》《社区发帖规则》或使用淘宝提供的其他信息沟通渠道，发布违法、违规商品或信息的行为。

③ 侵犯他人知识产权，是指违反《淘宝禁售商品管理规范》等相关条款，或被权利主张人投诉且有证据证明违反《商标法》《著作权法》《专利法》等相关法律法规的行为。

④ 欺诈，是指以非法获利为目的，通过不正当手段，侵犯会员财产权益的行为。

⑤ 盗用账户，是指盗用他人淘宝账户或支付宝账户，涉嫌侵犯他人财产权的行为。盗用他人账户的，淘宝将收回被盗账户并使原所有人可以通过账户申诉流程重新取回账户。

（3）严重违规（C类扣分）。是指出售假冒商品的行为。

（4）处罚措施。会员的违规行为将按照A类、B类、C类分别扣分、分别累计、分别执行。

① 当会员因为一般违规（A类扣分）行为而被扣分时，每累计12分，进行一次节点处罚，处罚措施为店铺屏蔽（包括淘宝站内所有搜索、首页导航、直通车、淘宝客、钻石展位、媒体广告等所有营销类服务）并公示警告（店铺通栏、商品通栏、旺旺标识），以及限

制发布商品 7 天。会员单次违规行为导致其一般违规（A 类扣分）行为总计分超过 12 分或 12 分的整数倍时，如前一处罚节点未进行处罚的，累计合并处罚。会员在受一般违规处罚期间再次受到一般违规处罚的，新处罚措施将在上一处罚期满后开始执行。

② 当会员因为严重违规（B 类扣分）行为而被扣分时，扣分累计或单次达到（或超过）12 分、24 分、36 分、48 分时，淘宝将分别对会员做出如下处罚：当扣分达到或超过 12 分但未到 24 分时，会员将被同时处以店铺屏蔽、商品屏蔽、限制发布商品、限制创建店铺及公示警告 7 天等处罚；当扣分达到或超过 24 分但未到 36 分时，会员将被同时处以店铺屏蔽、商品屏蔽、限制发布商品、限制创建店铺、公示警告及下架所有商品 14 天等处罚；当扣分达到或超过 36 分但未到 48 分时，会员将被处下架所有商品，且同时并处禁止发布商品、禁止发送站内信、禁止社区所有功能、关闭店铺及公示警告 21 天等处罚；当扣分达到或超过 48 分时，会员将被处以永久封号等处罚。会员在受严重违规（B 类扣分）处罚期间再次受到严重违规（B 类扣分）处罚的，新处罚措施将替代旧处罚措施立即执行，旧处罚措施不再执行。除永久封号外，须同时满足以下三个条件，会员被执行的处罚措施才能解除：会员违规行为被纠正、会员所受处罚期间届满、处罚期间届满后会员参加线上考试并且合格。但永久封号不能通过任何形式被再次恢复。

③ 严重违规（C 类扣分）通过阿里妈妈售假、商品信息判断涉嫌售假的，每累计 12 分，限制发布商品、限制发送站内信、限制创建店铺 7 天。实际售假达 12 分的，限制发布商品、限制发送站内信、限制创建店铺 14 天，以及屏蔽店铺，删除商品，禁止参加聚划算活动。售假且情节严重扣分达 24 分的，限制发布商品、限制发送站内信、限制创建店铺 21 天，以及删除商品、删除店铺，禁止参加活动，下架全部商品。售假情节特别严重且达 48 分的，永久限制发布商品、限制发送站内信、限制创建店铺、限制编辑商品、限制购买商品、限制点击发货按钮、限制登录淘宝网、限制登录旺旺、冻结账号、删除店铺、删除全部商品。

商城、电器城卖家发生付款未发货的，在被扣分的同时，还需要向买家赔付实际支付金额的 5% 但不超过 30 元的违约金。

会员所扣分数将在每个自然年的年终（即每年 12 月 31 日）24 时被统一清零。但年终前已被永久封号的，则不可再恢复。

6）淘宝网评价规则

（1）评价规则概念。

① 宗旨原则：为促进买卖双方基于真实的交易做出公正、客观、真实的评价，进而为

其他消费者在购物决策过程中和卖家经营店铺过程中提供参考,根据《淘宝平台服务协议》《淘宝规则》等相关规定,制定淘宝网评价规则。

② 适用范围:淘宝网评价规则适用于淘宝网所有卖家和买家。

③ 效力级别:《淘宝规则》中已有规定的,从其规定;未有规定或淘宝网评价规则有特殊规定的,按照淘宝网评价规则执行。

④ 淘宝网评价:淘宝网评价(简称评价)包括"交易评价"和"售后评价"两块内容。

(2)交易评价。

① 入口开放条件:买卖双方有权基于真实的交易在支付宝交易成功后 15 天内进行相互评价。

② 交易评价内容:交易评价计分包括"店铺评分"和"信用评价"。其中,"信用评价"包括"信用积分"和"评论内容","评论内容"包括"文字评论"和"图片评论"。

③ 店铺评分:店铺评分由买家对卖家做出,包括对商品/服务的质量、服务态度、物流等方面的评分指标。每项店铺评分均为动态指标,系此前连续 6 个月内所有评分的算术平均值。

每个自然月,相同买家、卖家之间交易,卖家店铺评分仅计取前 3 次。店铺评分一旦做出,则无法修改。

④ 信用积分:在信用评价中,评价人若给予好评,则被评价人信用积分增加 1 分;若评价给予差评,则被评价人信用积分减少 1 分;若给予中评或 15 天内双方均未评价,则信用积分不变。如评价人给予好评而对方未在 15 天内给其其他评价,则评价人信用积分增加 1 分。

相同买家、卖家任意 14 天内就同一商品的多笔支付宝交易,多个好评只加 1 分、多个差评只减 1 分。每个自然月,相同买家、卖家之间交易,双方增加的信用积分均不得超过 6 分。

⑤ 追加评论:自交易成功之日起 180 天(含)内,买家可在做出信用评价后追加评论。追加评论的内容不得修改,也不影响卖家的信用积分。

⑥ 评价解释:被评价人可在评价人做出评论内容和/或追评内容之时起的 30 天内做出解释。

⑦ 评价修改:评价人可在做出中、差评后的 30 天内,对信用评价进行一次修改或删除。30 天后评价不得修改。

(3)售后评价。

① 入口开放条件:买家有权基于真实的交易,在售后流程完结后,对卖家进行售后评

价，特殊类型订单除外。

②评价内容：售后评价由买家针对卖家的退款/退货等服务进行评价，包括处理速度、服务态度两项评分及一项评论内容。

③售后评分：每项售后评分均为动态指标，系该店铺此前连续 180 天内所有评分的算术平均值。

如一笔订单下涉及多笔交易，则每笔符合前述入口开放条件的交易均可进行一次售后评价。每笔订单仅取最先生效的评分，计入前述算术平均值中。

每个自然月，相同买、卖家之间交易，售后评分仅计取前 3 次。售后评分一旦做出，则无法修改。

（4）评价处理。

①评价处理原则：为了确保评价体系的公正性、客观性和真实性，淘宝将基于有限的技术手段，对违规交易评价、恶意评价、不当评价、异常评价等破坏淘宝信用评价体系、侵犯消费者知情权的行为予以坚决打击。

②评价逻辑调整：淘宝将根据平台运营需要，调整评价的开放逻辑。

③违规交易评价：淘宝有权删除违规交易产生的评价，包括但不限于《淘宝规则》中规定的发布违禁信息、骗取他人财物、虚假交易等违规行为所涉及的订单对应的评价。

④恶意评价：如买家、同行竞争者等评价人被发现以给予中评、差评、低评分、负面评论等方式谋取额外财物或其他不当利益的恶意评价行为，淘宝或评价方可删除该违规评价。

⑤不当评价：淘宝有权删除或屏蔽交易评价和售后评价内容中包含的污言秽语、广告信息、色情低俗内容及其他有违公序良俗的信息。

⑥异常评价：淘宝对排查到的异常评价做不计分、屏蔽、删除等处理。

⑦评价人处理：针对前述违规行为，除对产生的评价做相应处理外，淘宝将视情形对评价人采取身份验证、屏蔽评论内容、删除评价、限制评价、限制买家行为等处理措施。

⑧积分不重算：评价被删除后，淘宝不会针对删除后的剩余评价重新计算积分。

⑨评价投诉：被评价方须在评价方做出评价的 30 天内进行投诉；未在规定时间内投诉的，不予受理。

7）信用炒作与侵犯知识产权规则

虚假交易，是指用户通过虚构或隐瞒交易事实、规避或恶意利用信用记录规则、干扰或妨害信用记录秩序等不正当方式获取虚假的商品销量、店铺评分、信用积分等不当利益，妨害买家权益的行为。

进行虚假交易的卖家，淘宝将对其违规行为进行纠正，包括删除虚假交易产生的商品销量、店铺评分、信用积分、商品评论；情节严重的，还将下架店铺内的所有商品。同时，淘宝将按照如下规定对卖家进行处理。

（1）卖家第 1 次或第 2 次发生虚假交易行为：若违规交易笔数未达 96 笔，则仅对卖家的违规行为进行纠正，不扣分；若违规交易笔数达 96 笔以上，则每次以一般违规行为扣 12 分。

（2）卖家第 3 次发生虚假交易行为：若违规交易笔数未达 96 笔，则每次以一般违规行为扣 12 分；若违规交易笔数达 96 笔以上，则视为情节严重，每次以一般违规行为扣 48 分。

（3）卖家第 4 次及以上发生虚假交易行为，不论笔数均视为情节严重，每次以一般违规行为扣 48 分。

（4）若卖家短期内产生大规模虚假交易行为，不论次数和笔数均视为情节严重，每次以一般违规行为扣 48 分。

（5）若卖家发生以下任一情形的，以严重违规行为扣 48 分：①累计三次及以上被认定为"情节严重"的虚假交易行为。②违反上述第（4）项规定后，再次发生大量虚假交易行为。③存在手段恶劣、行为密集、规模庞大、后果严重、恶意对抗监管等特殊情节。④为他人提供虚假交易服务。

若卖家同时存在上述第（4）项和第（5）项情形，则优先执行第（5）项处罚。

淘宝对涉嫌虚假交易的商品，给予 30 天的单个商品淘宝网搜索降权。如某商品发生多次虚假交易的，则搜索降权时间滚动计算。

卖家应按照淘宝要求提供真实的、合法有效的申诉凭证，如卖家存在提供虚假凭证的情形，则视为一般违规行为。首次发生的，给予警告；再次及以上的，每次扣 6 分。

买家如协助卖家进行虚假交易的，淘宝将视情节严重程度采取关闭订单、新增订单不计销量和/或不开评价入口、删除违规交易产生的信用积分、信用积分清零、警告、身份验证、限制创建店铺、限制发送站内信、限制发布商品、限制网站登录、限制旺旺登录、限制买家行为、限制发起投诉、延长交易超时等处理措施。

侵犯知识产权,是指用户发生涉嫌违反《商标法》《著作权法》《专利法》等相关法律法规的行为。

为了防止对公众造成不利影响,保护消费者权益,对涉嫌违反上述情形的卖家,淘宝视情节严重程度给予店铺监管。

不当使用他人权利,是指用户发生以下行为,每次扣 2 分:① 卖家在所发布的商品信息或所使用的店铺名、域名等中不当使用他人商标权、著作权等权利的。② 卖家出售商品涉嫌不当使用他人商标权、著作权、专利权等权利的。③ 卖家所发布的商品信息或所使用的其他信息造成消费者混淆、误认或造成不正当竞争的。

同一权利人在三天内对同一卖家的投诉视为一次投诉。

8. 阿里旺旺(千牛)使用规则

阿里旺旺用户(以下简称用户)使用阿里旺旺的各项行为均须遵守如下所列规则。阿里软件(上海)有限公司(以下简称阿里软件)制定这些规则的目的是维护阿里旺旺的正常运营秩序,保障用户的合法权利。下文并未对这些使用规则逐一进行详细讲解,只是举例介绍了用户使用阿里旺旺的相关要求和条件。阿里软件有权根据《阿里旺旺软件使用许可协议》的约定,随时对如下所列规则进行修订。

(1)禁止性行为规则。

有关发送非法消息、广告消息、垃圾消息方面的禁止性行为规则:

① 以任何方式将阿里旺旺用于发表、传送、散布或传播任何法律禁止的、不当的、诈骗性的、亵渎性的、诽谤性的、淫秽的、粗俗的、暴力的标题、名称、资料或信息,如虚假的中奖消息。

② 以任何方式将阿里旺旺用于群发任何重复的或未经请求的广告消息,如淘宝卖家店铺消息、产品或服务消息。

③ 以任何方式将阿里旺旺用于调查、竞赛、传销、兜售侵权商品、群发链式邮件、垃圾电子邮件和垃圾消息。

有关危害网络信息安全方面的禁止性行为规则:

① 通过阿里旺旺进行任何危害计算机网络安全的行为,以任何方式损坏或破坏阿里旺旺,使其不能运行或超负荷运行,或者干扰第三方对阿里旺旺的使用。

② 将阿里旺旺用于传送含有病毒、木马、不安全链接的文件和图片，或其他任何可能破坏他人电脑运行或他人财产安全的类似软件或程序。

③ 在未经授权的情况下访问任何与阿里旺旺关联的账户、计算机系统或网络。

④ 以任何方式获取、收集用户并非有意披露的资料或信息，如用户 ID、电子邮件地址、家庭地址等用户注册信息。

⑤ 在未经授权的情况下破解阿里旺旺技术，并开发与之相关的衍生产品、服务、插件、外挂软件等。

⑥ 制造假身份以误导、欺骗他人。

有关侵犯第三方合法权益方面的禁止性行为规则：

① 以任何方式将阿里旺旺用于传送或以其他方式实现传送含有受到知识产权法律保护的图像、相片、软件或其他资料的文件，除非用户拥有或控制着相应的权利或已得到所有必要的授权。

② 在通过阿里旺旺传送文件的过程中，伪造或删除任何作者署名、法律或其他正当的通告、专有设计、产地或软件来源的标记或传送的文件中包含的其他资料。

③ 通过阿里旺旺诽谤、骚扰、跟踪、威胁或以其他方式侵犯他人的合法权益。

（2）处罚规则。针对用户进行上述禁止性行为，阿里巴巴软件将视情节严重程度，给予以下一到四级的处罚。

① 一级处罚：书面警告（通过邮件、系统警告消息、阿里旺旺浮出框等方式进行警告）。

② 二级处罚：限制使用阿里旺旺部分功能。

③ 三级处罚：冻结阿里旺旺账号（视情节严重情况，决定相应的冻结期限）。

④ 四级处罚：屏蔽禁止性行为指向的消息内容。

除上述处罚规则外，阿里软件保留采取法律手段追究相关人员法律责任的权利。

9）社区发帖规则

（1）禁止挑衅和人身攻击。

① 禁止攻击淘宝网和淘宝网用户。

② 禁止对论坛管理员进行人身攻击。经论坛小二核查属实则拉黑并上报客服做账号冻结处理。

（2）禁止发布商家产品信息。产品信息包括以下 7 项内容。

①宣传自己或他人店铺及在线销售的商品。

②公开自己的联系方式、店铺链接、商品链接、图片店铺等。

③利用发布使用心得或相关知识发布商品广告。

④推荐淘宝客商品链接。

⑤拉选票的帖子禁止发布。

⑥外网连接禁止发布。

⑦发招聘信息资讯。

（3）禁止恶意灌水。灌水行为包括以下4项内容。

①发表"11111""顶顶顶顶""支持"等无意义的内容。

②发表无意义的图文内容或者符号内容。

③在一篇帖子中反复回复，同样的内容反复在多个帖子中回复。

④主号灌水恶意回复网友跟帖，情节严重者在论坛禁言一个月。

（4）禁止在论坛公布他人信息。

禁止在论坛内以任何形式公布他人信息，如个人ID、姓名、QQ、邮箱、电话、家庭住址等。

论坛因属于用户交易维权的专属板块，性质特殊，故经公司特批，可在帖子内公布店铺ID，但是禁止公布他人真实信息，如姓名、电话和家庭住址。

（5）恶意灌水行为定义：①连续在淘宝同一论坛发表内容相同或者近似文章或回帖三篇以上者，被视为恶意灌水行为。②连续在淘宝三个以上的论坛发表内容相同或近似非原创文章者，被视为恶意灌水行为。③24小时内在淘宝论坛发表无意义回复（包括回复内容为字母、表情、纯数字）达到5贴者可被视为恶意灌水行为。

④对于明显与上下文无关的帖子（如回复内容为复制的歌词，引用与主题无关的他人回复等）达到5贴者可被视为恶意灌水行为。

（6）一文多发行为定义：在淘宝三个以上的论坛（淘宝论坛特许的多版活动除外）发表内容相同或近似原创、转载、活动宣传等文章者，被视为一文多发行为。

10）投诉与举报规则

为维护淘宝的交易秩序，保障用户的合法权益，淘宝针对网上交易产生的违规行为专门制定了投诉与举报规则。对于淘宝上出现的不良信息或者不良交易行为，用户有权就违规情况进行举报。在整个举报过程中，举报方是匿名的，所有的个人信息受淘宝保护，并且举报人必须是通过支付宝认证的用户，投诉与举报规则另有规定的除外。被举报方应在被举报后的三个工作日内进行申诉，并尽量提供凭证以证实自己申诉的有效性。淘宝会在被举报方申诉的基础上进行核实并处理。举报请按本规则进行，如用户不遵守本规则的规定进行举报，发生谩骂、诋毁、报复、诽谤等恶意行为的，淘宝有权对当事方进行处理。如无特殊的情况，重复举报不予受理。

（1）图片发布侵权（仅限淘宝用户之间发生的此类行为）。

① 定义：图片发布侵权是指未经图片版权所有人允许使用图片的行为，属于版权侵权的一种（此处仅针对淘宝用户之间发生的图片发布侵权）。

② 处罚规则：

a. 举报双方协商成功，举报做"撤销"处理。

b. 根据双方提供的链接、原始图片等判断，举报事实不成立，举报做"撤销"处理。

c. 根据双方提供的链接、原始图片等判断，举报事实成立、证据充分且被举报方没有撤下图片，对被举报方做"公示警告三个月"处理，并且"限制发布商品权限 14 天"，删除使用他人图片的商品信息。

d. 对被举报方少量使用他人图片的行为，则删除使用他人图片的商品信息，举报做"公示查看一个月"处理。

e. 被举报方首次收到举报，并主动撤下图片（只限于在举报前或举报中受理，举报成立后不受理）时，举报做"撤销"处理。

（2）出售禁售品。

① 定义：出售的商品信息中包含《商品发布管理规则》中的《淘宝禁售商品管理规范》所列的信息。

② 处罚规则：

a. 根据规则判断，举报事实不成立，举报做"不成立"处理。

b. 根据规则判断，举报事实成立，被举报的商品做强制"下架或删除"处理。

c. 根据规则判断，举报事实成立，且商品涉及触犯国家法律法规，被举报商品做强制

"下架或删除"处理，并且按照《淘宝禁售商品管理规范》的有关规定给予被举报会员相应的处罚，情节严重的将永久"冻结"账号。

（3）补充说明：对于淘宝主动发现的所有违规行为，淘宝有权对此类行为比照上述规定进行处理。同时，淘宝有权根据被举报人的违规情节，如重复违规，给予重复处罚或者加重处罚。

11）支付宝交易纠纷处理规则

（1）前提。交易双方使用支付宝服务进行交易时，应当遵守支付宝网站上公示的各项规则，包括但不限于《淘宝交易超时处理规则》。因未使用支付宝服务进行交易或超出确认时限而产生的争议，应由买卖双方自行协商，支付宝（中国）网络技术有限公司不接受此类争议的处理请求。

支付宝交易纠纷处理规则（简称纠纷处理规则）所称支付宝交易是指交易双方使用支付宝公司提供的"支付宝"软件系统，且约定买卖合同项下的付款方式为通过支付宝于买方收货后代为支付货款的交易，包括支付宝中介交易和货到付款交易，不包括即时到账交易等其他交易方式。

纠纷处理规则构成《支付宝服务协议》的有效组成部分，具有同等法律效力；两者约定不一致或纠纷处理规则未约定的内容，以《支付宝服务协议》的约定为准。同意使用支付宝服务即表示同意支付宝公司有权处理争议，但支付宝公司非司法机关，对证据的鉴别能力及对纠纷的处理能力有限，支付宝公司处理争议完全基于用户的委托，支付宝公司不保证争议处理结果符合用户的期望，亦不对争议处理结果承担任何责任。

纠纷处理规则只适用于中国国内交易产生的争议；涉及国际交易争议的，另案处理。

（2）处理规则。

① 货物风险的转移：除非法律规定或者交易双方另有约定，货物毁损、灭失的风险，在货物交付（收货人签收）之前由发货人承担，交付（收货人签收）之后由收货人承担；在承运人责任导致货物毁损、灭失的情况下，发货人向承运人追偿不影响交易纠纷的处理，发货人应依照本规则承担相应损失。交易双方可以自行约定货物的交付地点，没有约定或者约定不清的，以买家留下的收货地址作为货物交付地点；双方协议退货的，以卖家留下的退货地址作为交付地点。

② 发货期限：除非法律规定或者交易双方另有约定，否则卖家如在买家提出退款申请之前未实际发货的，被视为该交易撤销。如卖家在明知或应知买家已申请退款后发货，买家有权拒绝签收（或不接受），所有因此而造成的风险和损失均由卖家自行承担；如卖家在买家提出退款申请前虽未声明发货，但已实际发货的，卖家应提供相应的发货凭证。除非双方有明确约定，否则发货不得使用到付方式（即在委托承运方的时候不支付物流费用，而由收货人在收货时向快递公司支付物流费用的货运方式，下同）。

③ 货物的验收：在货物交付时，对于货物能够即时验收的事项，适用于表面一致的约定；对于不能即时验收的事项，收货人应当在签收后的三天内（如有明确签收时间的，以该签收时间后的 72 小时为三天；如签收时间仅有日期的，以该日后的第二天零时为起算时间，满 72 小时为三天）完成验收。

④ 表面一致的确认：货物当面交付的，收货人接收货物后视为对表面一致的确认；货物需要运输的，收货人亲自签收或委托第三人签收后视为对货物表面一致的确认，收货人不能亲自签收，委托第三人签收时，第三人应当提供收货人的授权文件并出示收货人及第三人本人身份证原件。对于需要先签收再打开包装查看的货物，收货人应当要求承运人当场监督并打开包装查看，如发现表面不一致，应当直接退货或者要求在签收单（收货人联和承运人联）上加注详细情况并让承运人签字确认。

收货人签字确认表面一致后，不得就表面一致的问题提出异议并向支付宝公司投诉或要求退款，收货人能够提供有效相反证据的除外。

表面一致的定义：表面一致是指凭肉眼或者凭简单计量工具即可判断收到的货物表面状况良好且与网页上的商品图片或者文字描述一致，表面一致的判断范围可参考但不限于货物的形状、大小、重量、颜色、型号、新旧程度。

⑤ 退货程序：买家如需退货，则必须在签收货物后的三天内（如有明确签收时间的，以该签收时间后的 72 小时为三天；如签收时间仅有日期的，以该日后的第二天零时为起算时间，满 72 小时为三天）提出退货申请；如逾期申请退货且卖家拒绝接受退货，则支付宝公司有权将争议货款支付给卖家。交易双方达成退货或换货协议后，买家应根据退货协议约定的期限或支付宝公司确定的时间完成退货，逾期未完成退货的，支付宝公司有权将交易款项支付给卖家；同时，卖家应履行其协助退款义务，根据约定或支付宝公司确定的时间提供真实、正确的退货地址，逾期未提供而导致买家不能退货的，支付宝公司有权将交易款项支付给买家。交易双方达成退货协议，但未就运费进行约定的，由卖家承担与其发

货相同货运方式的运费。卖家同意退货或换货，但就运费的承担提出明确异议的，买家应先行退货，卖家确认收到退货后，由支付宝公司对争议款项酌情进行处理。除非交易双方有明确约定，否则退货时不得以到付方式支付物流费用。因卖家过错导致退货的，卖家应当承担相应的运费，如卖家明示不承担退货运费的，则支付宝公司有权对卖家采取相应的措施，如冻结卖家支付宝账户，停止向卖家提供支付宝服务；卖家对退货不存在过错的，退货时的费用由买家承担，争议货款中包含的物流费用退返给买家。

⑥ 当事人身份核实：交易双方出现纠纷后，支付宝公司有权要求未通过身份认证的交易一方向支付宝公司提供身份证明；拒不提供身份证明的交易一方提交的证据，支付宝公司不予接受。

⑦ 争议货款的支付：交易款项在满足以下任一情形时，交易双方即同意由支付宝公司进行相应的支付。

产生争议后，交易双方同意（不可撤销）支付宝公司有权根据交易双方提供的相关材料，按照本规则的约定将争议货款的全部或部分支付给交易一方或双方；本规则未能明确的，交易双方授权支付宝公司自行判断并决定将争议货款的全部或部分支付给交易一方或双方。

交易双方明确告知支付宝公司选择自行协商解决或者通过司法途径解决争议的，由支付宝公司保留争议货款并中止本规则约定的争议处理程序，根据交易双方协商一致的意见将争议货款全部或部分支付给交易一方或双方，或按照公安机关、人民法院对争议货款的处理要求进行处理。但自争议发生后的 30 天内，支付宝公司未收到交易双方协商一致的意见或公安机关、人民法院的案件受理通知书等法律文书，或公安机关在受理后 7 日内未立案或立案后 6 个月内未对争议款项做出冻结、划拨等处理要求的，支付宝公司有权将货款退返给买家或打款给卖家。

如交易双方一致选择自行协商解决，则交易双方应于买家申请退货后 90 天内达成退货协议并退货，逾期未达成退货协议且未退货的，支付宝公司有权自行判断并决定将争议货款全部或部分支付给交易一方或双方；如支付宝公司认为相关退货由卖家过错所致，则货物在协商过程中的贬值风险由卖家承担，如由买家过错所致，则货物在协商过程中的贬值风险由买家根据本规则承担；支付宝公司决定要求买家退货，而买家未在支付宝公司指定的期限内退货，或交易双方达成退货协议后，买家未在约定期限内或合理期限（由支付宝公司根据交易货物的性质进行确定）内退货的，买家应承担该逾期退货期间的货物贬值风险；买家拒不退货的，支付宝公司有权将争议货款全部支付给卖家。

支付宝公司根据自行判断的结果支付争议货款后，交易任意一方不同意支付宝公司的处理结果的，可向人民法院起诉交易对方，凭生效的判决书可向交易对方索赔或者从支付宝公司获得相应的补偿；支付宝公司进行补偿后，取得相应的代位求偿权。

⑧ 违禁物品的出售：卖家不得违反《支付宝服务协议》的约定，利用支付宝公司提供的服务公开或者私下出售国家法律法规等规范性文件禁止出售的物品，如买家因收到违禁物品而向支付宝公司投诉，经支付宝公司查证属实的，卖家须接受退货且承担相应的运费，如卖家拒绝承担运费，则支付宝公司有权给予卖家相应处罚；如交易双方故意规避相关规定，进行违禁物品交易，产生交易纠纷后，支付宝公司有权对争议货款进行处理；如违禁物品交易涉嫌犯罪的，支付宝公司有权继续保留货款并向公安机关报案。

（3）举证责任。支付宝公司可要求交易双方提供包括但不限于下述证据，且支付宝公司有权单方判断证据的效力。

① 卖家对出售的商品描述负有证明责任，对商品的说明应根据支付宝公司的要求提供厂家的进货证明、产品合格证、正规的商业发票等证明文件。

② 买家主张收到的商品质量有问题且从外观上无法判断，且卖家已按照支付宝公司要求出具上面第①项约定证明文件的，买家应当根据支付宝公司的要求出具质量监督管理局的检测证明或相应品牌维修中心的检测凭证。

③ 因交易双方约定不清而产生交易纠纷的，撤销该交易，因此导致的损失由交易双方共同承担，具体承担比例由支付宝公司根据具体情况判断。

④ 二手商品。

功能缺陷：参照宝贝描述并提供检测证明，客观上无法提供检测证明或者提供检测证明的代价超过争议金额本身而导致事实无法查明的，按照上面第（3）项规定进行处理。

交易双方了解并同意：支付宝公司仅对双方提交的证据进行形式审查，并做出判断，交易双方自行对证据的真实性、完整性、准确性和及时性负责，并承担举证不能的后果。

2. 行业市场规则

淘宝行业市场规则具体如下。

（1）《阿里旅行·去啊规则》。

(2)《淘点点商户与商品违规处罚规则》。

(3)《淘宝通信市场管理规则》。

(4)《淘宝网保健食品行业规则》。

(5)《淘宝网理财卖家管理规则》。

(6)《淘宝保险平台管理规则》。

(7)《淘宝网全球购市场管理规范》。

(8)《淘宝本地生活婚伴平台管理规范》。

(9)《淘宝教育培训行业管理规范》。

(10)《淘宝网生活服务市场管理规范》。

(11)《供销平台管理规范》。

(12)《闲鱼管理规则》。

(13)《阿里创作平台管理规则》。

(14)《淘宝网旅行市场管理规则》。

(15)《淘宝网成人用品行业标准》。

(16)《淘宝网食品行业标准》。

(17)《淘宝网床上用品行业标准》。

(18)《淘宝网公益行业标准》。

(19)《阿里V任务平台管理规则》。

(20)《淘宝租赁市场管理规范》。

(21)《淘宝达人平台管理规范》。

(22)《淘宝网运动户外类行业标准》。

(23)《淘宝网网店网络服务市场管理规范》。

(24)《淘宝网装修行业管理规范》。

(25)《淘宝网大家电行业管理规范》。

具体各行业标准可查阅：https://rule.taobao.com/。

3. 营销活动规则

1)《淘宝网营销活动规则》标准

淘宝集市所有发布的营销活动（包括聚划算）招商要求，必须符合或者高于以下标准，低于以下标准的卖家将不得参加任何营销活动。

（1）近半年店铺非虚拟交易的 DSR 评分三项指标分别不得低于 4.6 分（开店不足半年的自开店之日起算）。

（2）除虚假交易外，《淘宝规则》规定的一般违规行为扣分满 12 分或 12 分的倍数之日起限制参加所有营销活动 90 天。因虚假交易被违规扣分达 48 分及以上的卖家与商品，永久限制参加营销活动；其他因虚假交易被违规处理的卖家及商品，限制参加营销活动 90 天。

（3）近一个月人工介入退款成功笔数占店铺交易笔数不得超过 0.1%，或笔数不得超过 6 笔（数码类卖家不得超过 4 笔）。

（4）除出售假冒商品外，《淘宝规则》规定的严重违规行为扣分满 12 分或 12 分倍数之日起限制参加本自然年度内所有营销活动；因出售假冒商品被违规扣分达 24 分及以上的，永久限制参加营销活动；因出售假冒商品被违规扣分达 12 分及以上、24 分以下的，限制参加本自然年度内所有营销活动。

（5）因各种违规行为而被搜索全店屏蔽的卖家，在屏蔽期间内限制参加营销活动。

（6）卖家不得存在《淘宝规则》中限制参加营销活动的其他情形。

在上述标准中，特殊类目及淘宝网特定官方营销活动另有规定的遵从其规定。

2）补充说明

（1）一般违规行为：是指《淘宝规则》中规定的一般违规行为，包括虚假交易、滥发信息、描述不符、违背承诺、竞拍不买、恶意骚扰、不当注册、未依法公开或更新营业执照信息、不当使用他人权利、恶意评价（淘宝网）等行为。

（2）严重违规行为：是指《淘宝规则》中规定的严重违规行为，包括发布违禁信息、盗用他人账户、泄露他人信息、骗取他人财物、扰乱市场秩序、不正当谋利、出售假冒商品、假冒材质成分（天猫）、出售未经报关的进口商品（天猫）、发布非约定商品（天猫）等行为。

（3）人工介入退款成功笔数：是指买家发起并由淘宝小二人工介入处理，且退款成功的退款笔数。

2.1.4 开店前货源的准备

开店卖货必须要有商品，采购产品分为实体采购和网络采购两种。

1. 实体采购

1）实体档口型采购

实体档口是很多大型淘宝店铺最初发展的地方，实体档口型采购主要集中在各个产业的批发集中地段，以珠三角和长三角为主。例如，礼品采购通常去广州一德路，日韩女装采购通常去广州十三行，小商品等采购通常去义乌，电子产品等采购通常去深圳华强北等。这些实体批发中心是一个个丰富的"矿场"，它们曾创造了一个又一个淘宝传奇。这些地方的优点是产业集中，大多数采购者可以买到一个行业中最全面、最优质的产品。缺点是货品成本还不够低，比工厂直接采购成本高；同时因为产品分散，采购时需要打通很多店铺，所以耗时耗力。另外，其产品质量也无法控制，对产品本身不具备话语权。

2）生产型采购

生产型采购是指直接到工厂拿货，或者自己本身就有工厂。中国的大多数工厂目前仍集中于东部沿海地区。如果有工厂资源，则将在成本上具备巨大的优势；同时也能直接控制产品质量，比起一般创业者已具备很大的先机。但生产型采购也有进货渠道单一的缺点，因为生产投入较大，不像档口那样可以自由采购；同时，如果创业者又需要管理工厂，则巨大的工作量将极大分散自身的工作精力。

3）定制开发型采购

定制开发型采购是指制作指定款式、指定风格的采购，这是前期投入最大、耗时最长的一种采购模式，基本和线下单独开发一个品牌没有什么区别。例如，定制开发一个服装品牌系列，那么这中间的设计、打样、出成品、拍摄、VI规划、上架出售等一系列环节，将耗费大量的财力、人力，以及需要漫长的时间。这是潜力最大的一种经营模式，也是成本最高的一种经营模式。对于很多刚开始创业的人群来说，不建议采用这种模式。

2. 网络采购

网络采购一般分为网络批发采购、分销平台代理货源采购。

1）网络批发采购

如果没有实体批发采购资源，则可以进行网络批发采购。目前中国最大、最优质的网络采购渠道之一为阿里巴巴网站，同时阿里巴巴也是全球最大的 B2B 网站之一，如图 2-7 所示。

图 2-7　阿里巴巴网站

阿里巴巴网站能提供全球最丰富的批发采购资源，包括服装、生鲜、电子、化妆品、鞋包等，几乎囊括了各行各业的产品。通过在阿里巴巴采购，人们可以轻而易举地挑选到自己想要的货品。

网络批发采购的优点是选择面宽泛，种类丰富，可以轻易对比其他同类货品。但是网络采购一般需要分散囤货，还会因为没有和供应商面对面接触，沟通时比实体采购产生的误解更多；而且网络采购最大的问题是极难保证供应链的良性循环，经常发生缺货、断货的情况。

如果有实体批发采购资源，则建议还是尽量采取实体采购，网络采购的不可控因素太多。

2）分销平台代理货源采购

除到批发网络采购产品外，还可以通过成为分销平台的分销商进行采购。

天猫供销平台是现阶段最优秀的分销平台之一，如图 2-8 所示。

图 2-8　天猫供销平台

在天猫供销平台，同样可以找到大量类似于阿里巴巴批发网的产品。其中最大的区别是，阿里巴巴批发需要囤货，而天猫供销不需要囤货。不需要囤货的供销平台可以降低经营风险，但是会丧失自身经营的主动性，同时进货价格相对也要高出许多。

自我采购与分销经营本质上是两个概念。自我采购风险更大，收益更高，自己可以掌控经营的核心，天花板较高；分销经营则风险很小，收益较低，自己无法掌控经营的核心，天花板较低。

从经营的角度来说，如果想做出大成绩，不建议从事分销平台；如果想经营小生意，则分销平台是最保险的选择，几乎不用经历大挫折。

2.2　平台入驻

在了解了市场规则，分析了行业数据，并且找到了货源之后，就可以开店了。账号注册认证，分为账号注册、开店认证、了解交易流程三大部分。

1. 账号注册

账号注册入口在淘宝网首页左上角，有"免费注册"入口。正式注册时会有一个注册协议，如图 2-9 所示。

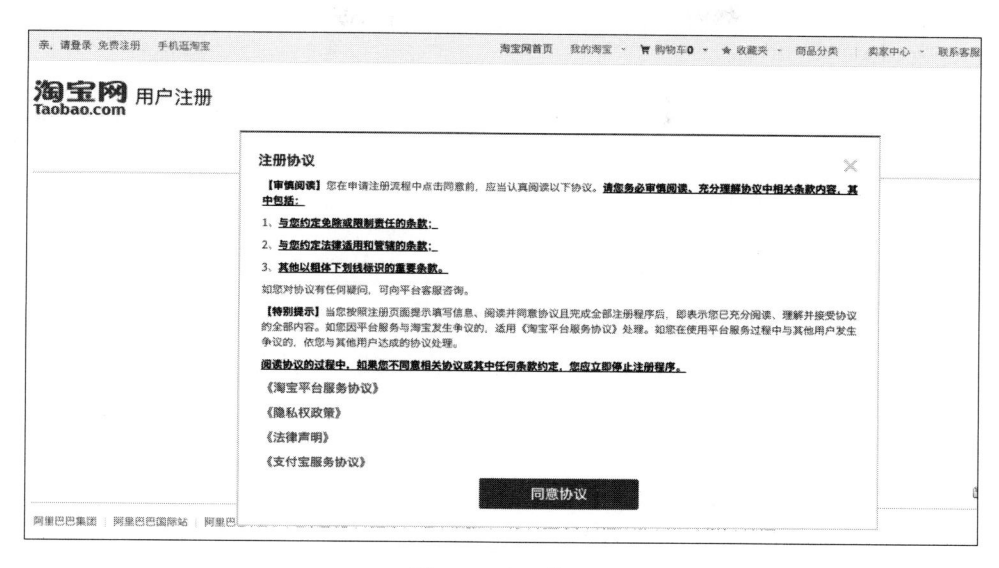

图 2-9　注册协议

单击"同意协议"按钮，之后选择通过手机验证，验证完之后需要填写账户信息，设置用户名和密码。需要注意的是，设置的账号将会与支付宝直接绑定，登录密码可用于登录支付宝，如图 2-10 所示。

图 2-10　填写账户信息

2. 开店认证

开店分淘宝开店与天猫开店两大类。其中淘宝分为个人店铺与企业店铺；天猫分为专营店、专卖店、旗舰店。淘宝与天猫一共分为两大类五小类店铺。

在开店之前，必须先完成支付宝实名认证流程。在支付宝实名认证之后，在淘宝，人们就可以选择开店类型是个人店铺还是企业店铺，如图2-11所示。

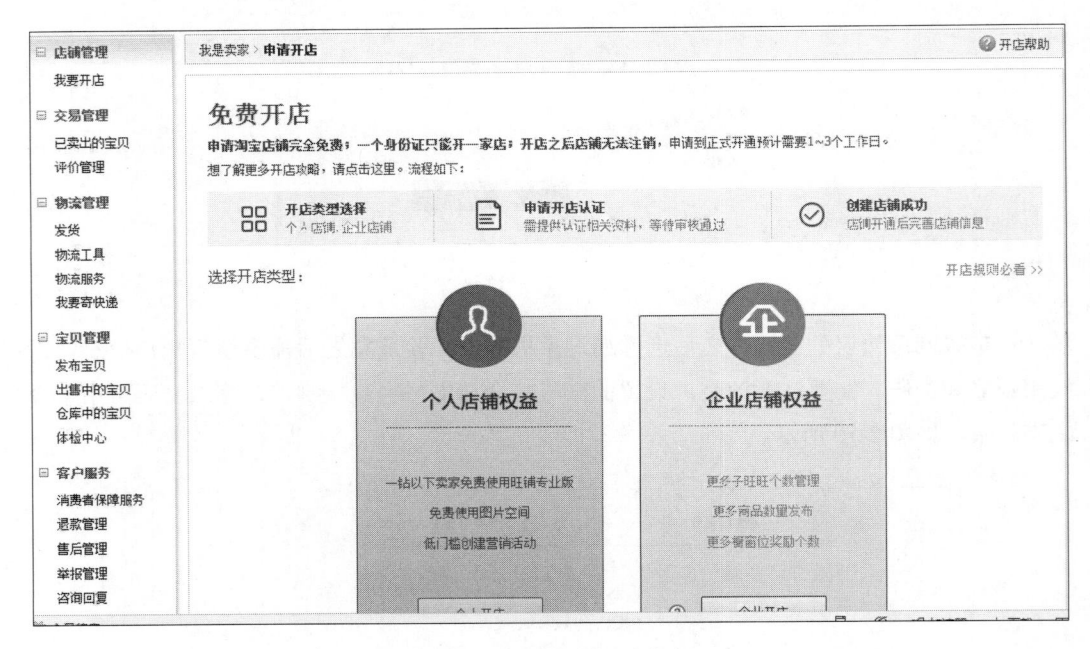

图2-11 淘宝店铺选择

1）个人店铺开店

选择个人店铺（集市店铺）开店，会进入下一个审核界面，系统将审核用户的开店条件，当您完成支付宝实名认证操作之后，单击返回"免费开店"页面时，可以进行"淘宝开店认证"的操作，如图2-12所示。

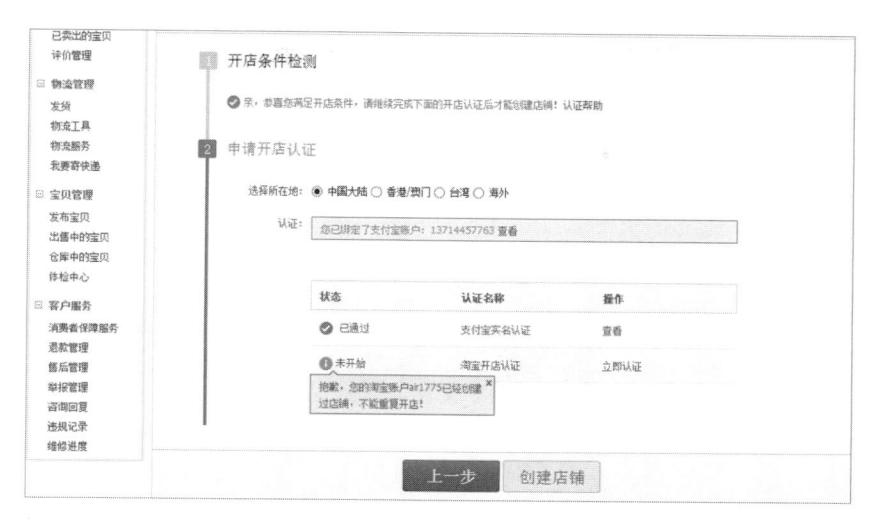

图 2-12 开店认证

单击"创建店铺"按钮,进入"淘宝网身份认证"页面,再单击该页面中的"立即认证"按钮,如图 2-13 所示。

图 2-13 淘宝网身份认证

通过手机淘宝客户端"扫一扫"功能扫描二维码；若未下载"手机淘宝"客户端，请单击二维码图中的"下载淘宝客户端"进行下载，下载安装完成后使用"手机淘宝"客户端中的扫码功能进行认证，如图2-14所示。

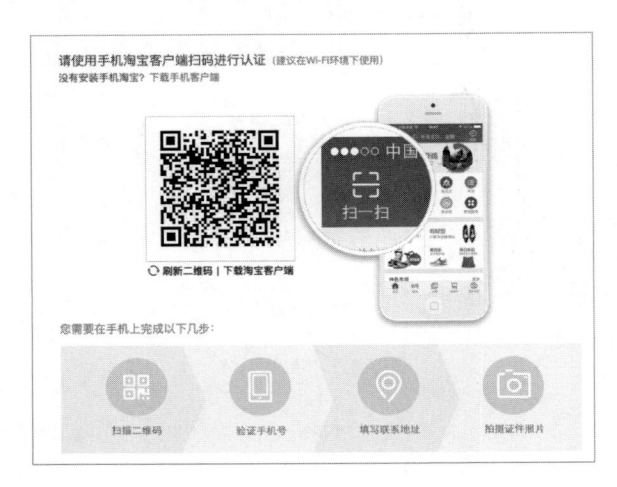

图 2-14　手机淘宝认证二维码

根据手机页面提示依次进行操作，如图2-15所示。

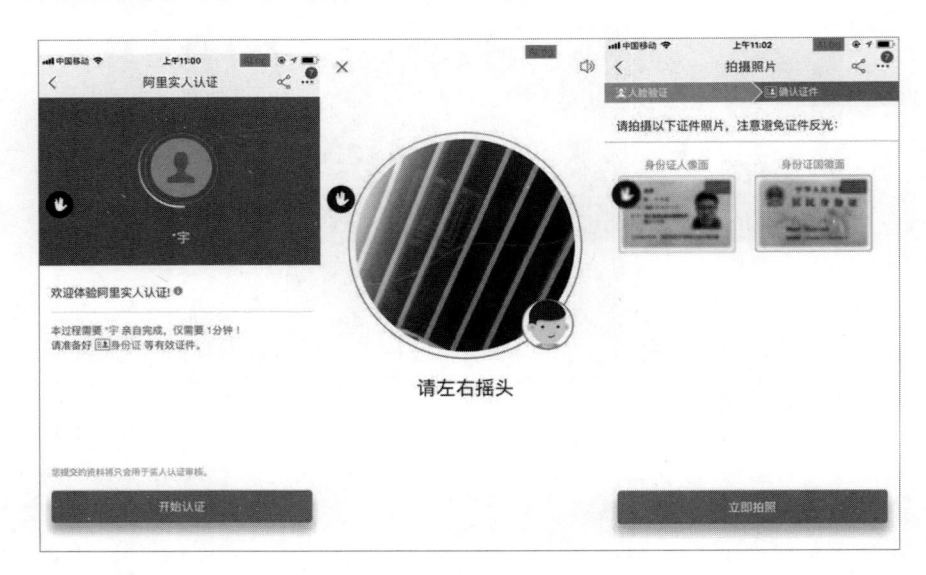

（a）

第 2 章 主流电商平台网上开店说明 | 65

（b）

（c）

图 2-15 手机淘宝实名认证

待手机端审核通过后，返回电脑端继续操作，单击"同意"按钮，如图 2-16 所示。

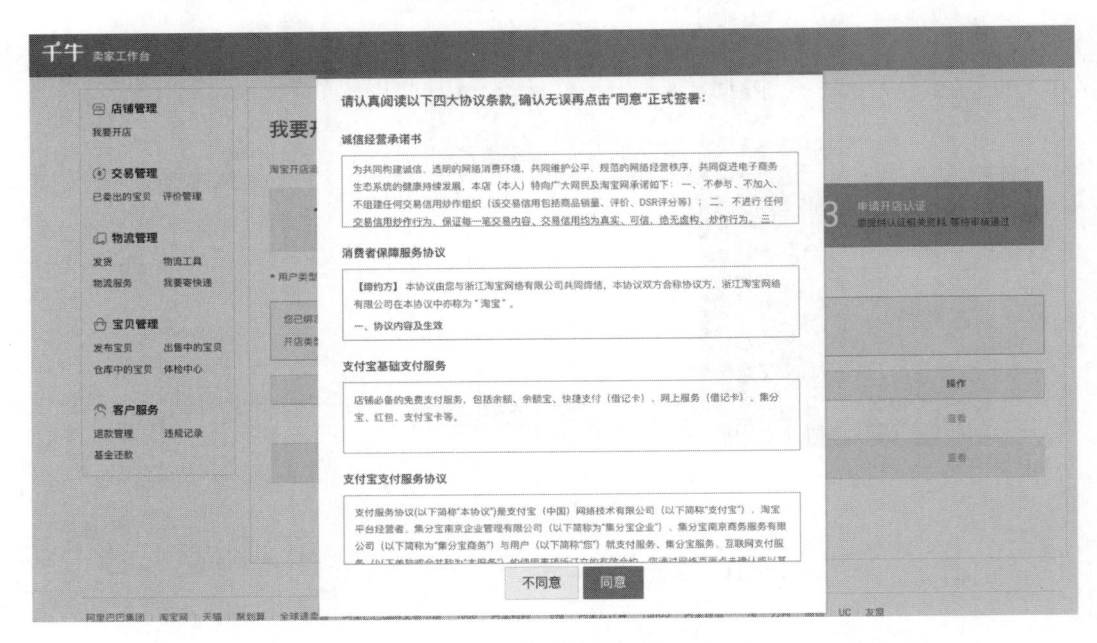

图 2-16　电脑端确认协议

需要注意的是，务必如实填写并认真检查身份证信息、真实联系地址（经营地址）、有效联系方式（手机号），以免因信息不符或虚假信息等原因导致认证无法通过。资料审核时间为 48 小时，请耐心等待，无须催促。

2）企业店铺开店

申请支付宝实名认证（公司类型）服务的用户应向支付宝公司以法人名义申请认证并提供营业执照、法人身份证件（或盖有公司红章的身份证复印件）、银行对公账户等资料。

第 2 章　主流电商平台网上开店说明 | 67

（1）打开网页 www.alipay.com，登录支付宝账户，单击"立即点此申请"按钮，如图 2-17 所示。

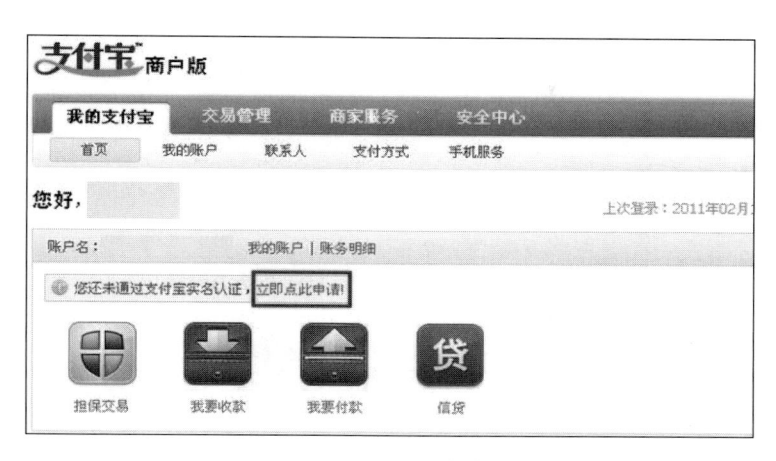

图 2-17　实名申请

（2）单击"立即认证"按钮，如图 2-18 所示。

图 2-18　实名认证

（3）单击"开始认证"按钮，如图 2-19 所示。

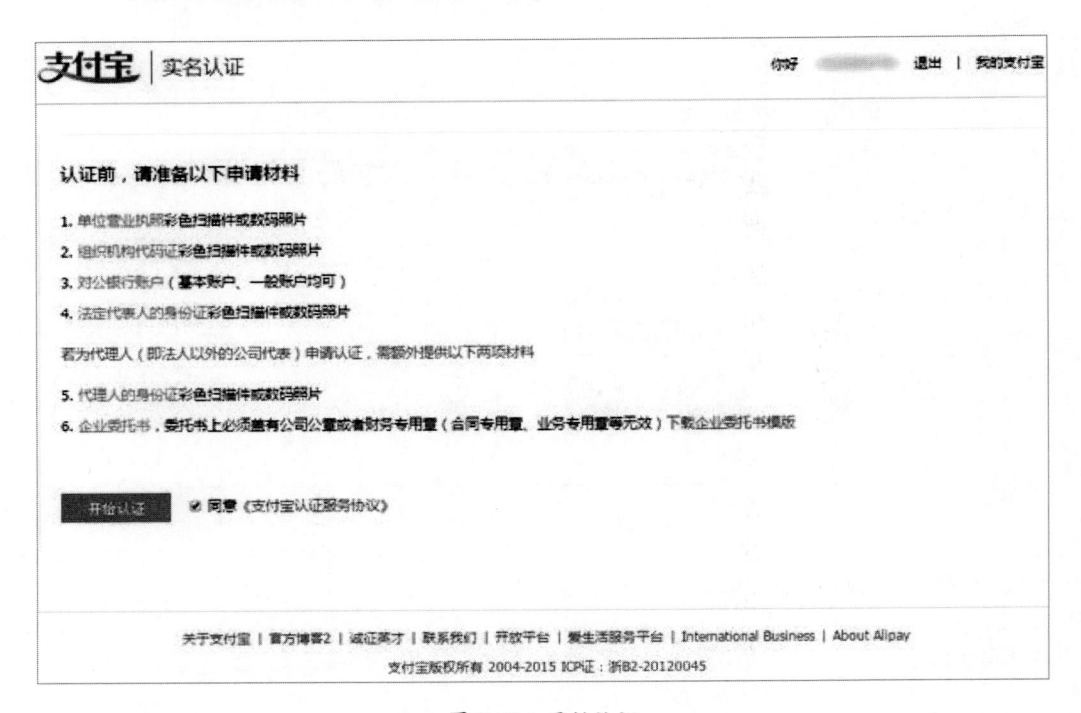

图 2-19 开始认证

（4）填写企业的基本信息和法人信息，如图 2-20 所示。（手机号码仅支持 11 位数字，且以 13/14/15/18 开头）

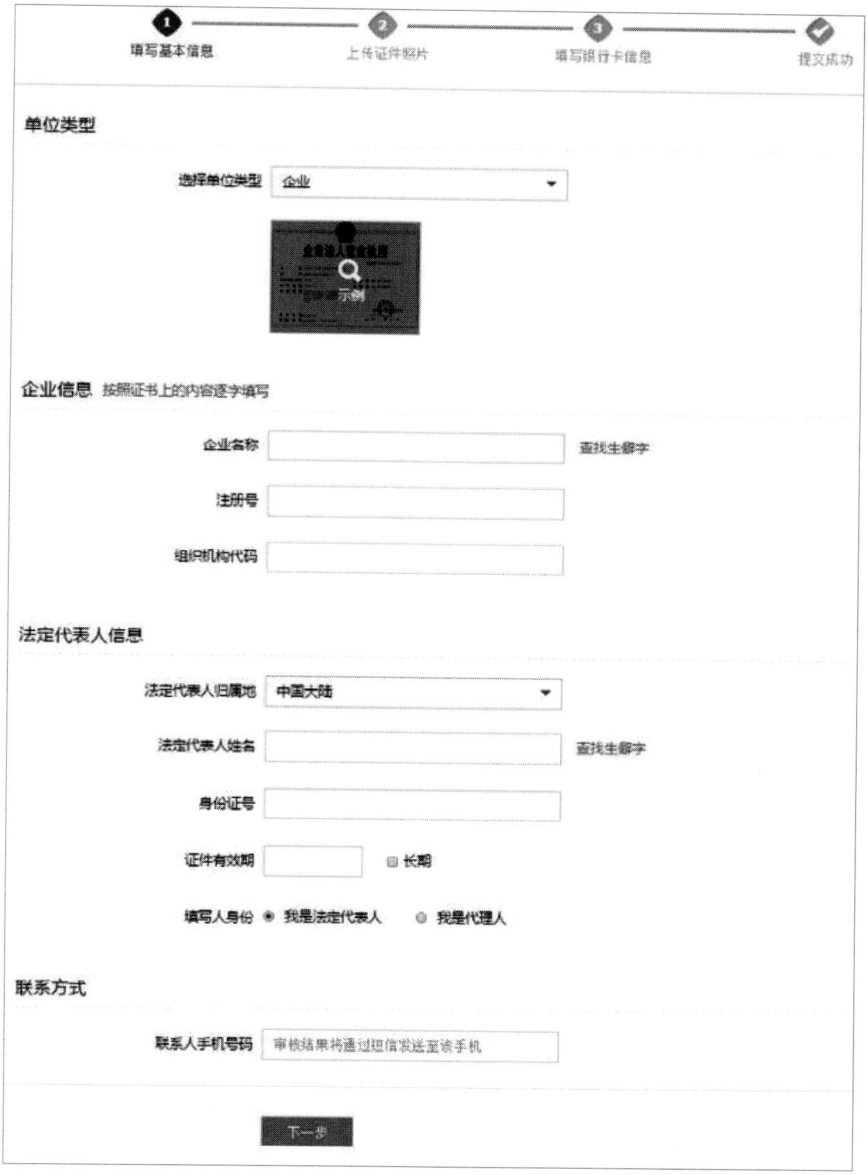
填写基本信息
上传证件照片
填写银行卡信息
提交成功
单位类型
选择单位类型
企业
示例
企业信息 按照证书上的内容逐字填写
企业名称
查找生僻字
注册号
组织机构代码
法定代表人信息
法定代表人归属地
中国大陆
法定代表人姓名
查找生僻字
身份证号
证件有效期
长期
填写人身份
我是法定代表人
我是代理人
联系方式
联系人手机号码
审核结果将通过短信发送至该手机
下一步

图 2-20　填写信息

（5）核对填写无误后，单击"确定"按钮，如图2-21所示。

图 2-21 信息确认

（6）上传营业执照图片和法人证件图片，如图2-22所示。

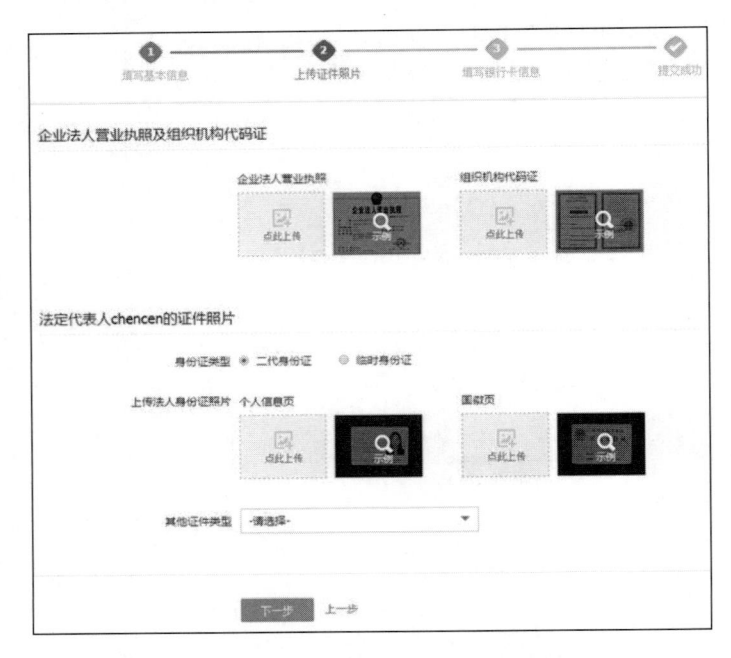

图 2-22 上传营业执照图片和法人证件图片

（7）填写对公银行账户信息，如图 2-23 所示。

图 2-23　填写对公银行账户信息

（8）银行卡填写成功，等待人工审核（温馨提醒：必须等待人工审核成功后才能给对公账户汇款；若审核不成功，则无法汇款），如图 2-24 所示。

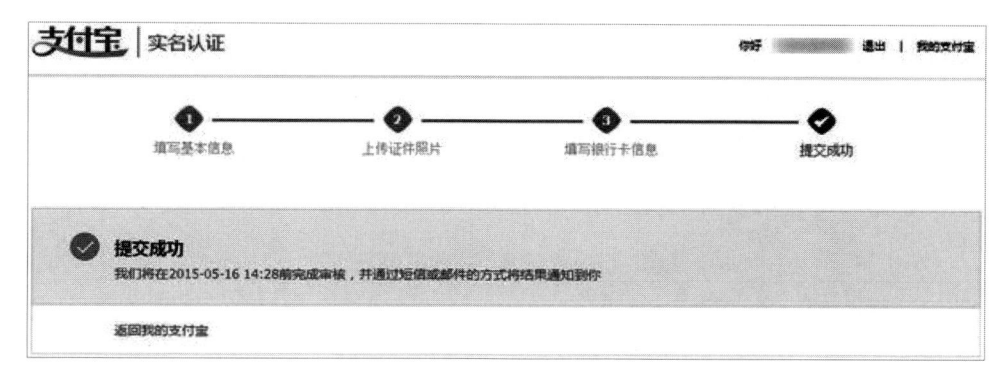

图 2-24　提交成功（一）

（9）人工审核成功后，等待银行给公司的对公银行账户汇款，如图 2-25 所示。

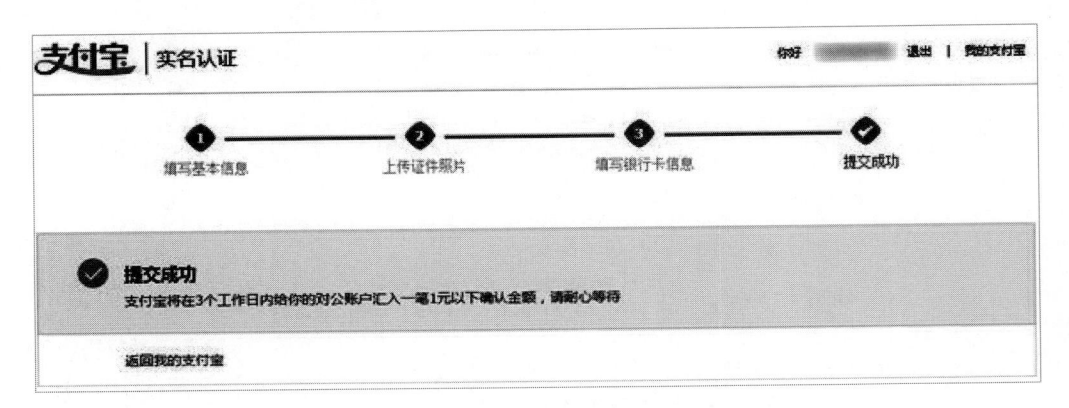

图 2-25　提交成功（二）

（10）认证及打款，如图 2-26 所示。

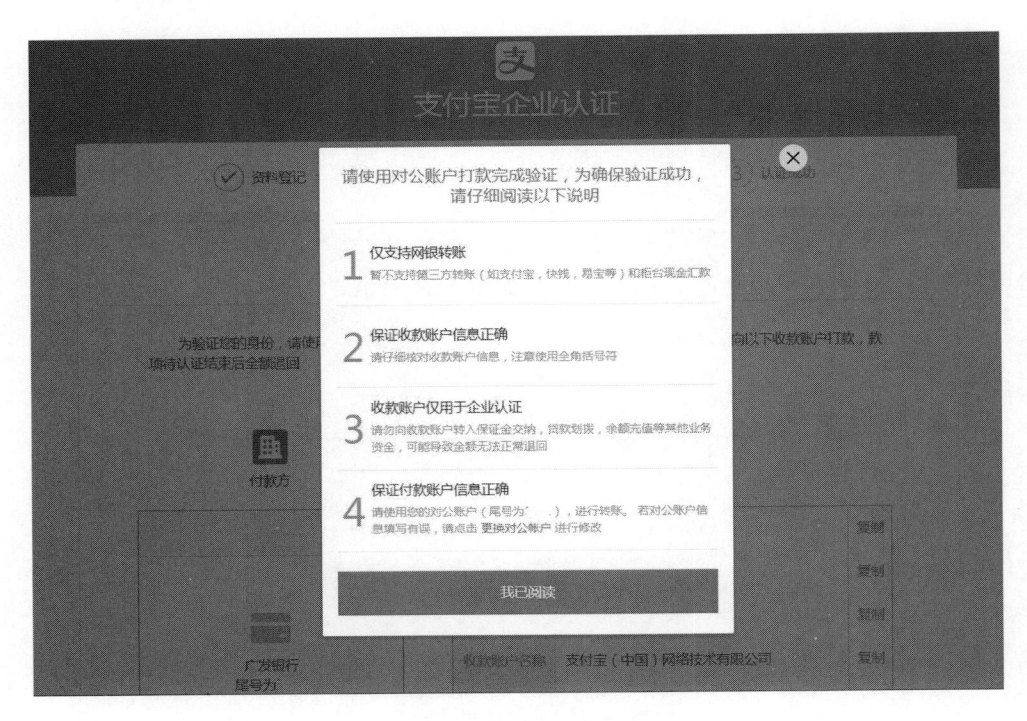

（a）

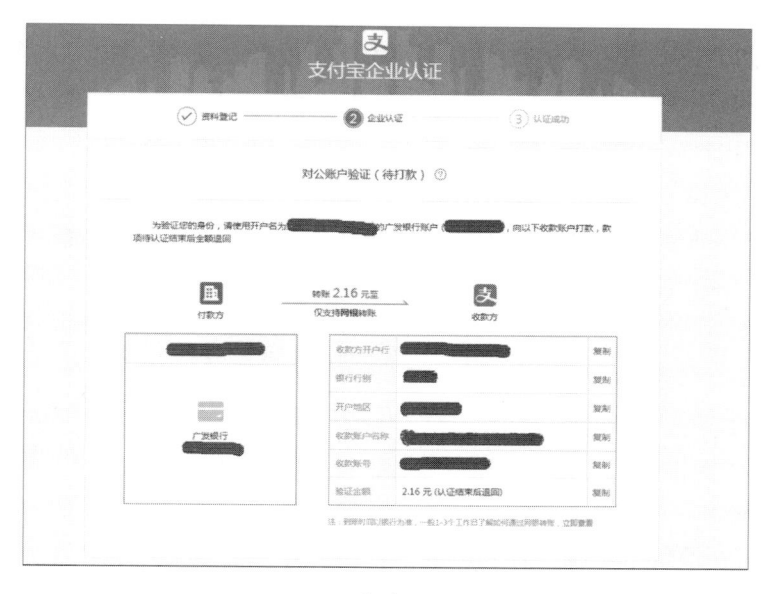

（b）

图 2-26　填写汇款金额

在通过最后的实名认证之后，企业店铺开店流程便正式走完。

3）天猫店铺开店

申请入驻天猫，需要提前准备以下材料。

支付宝企业认证需要的材料：营业执照影印件、对公银行账户（基本户或一般户）、法定代表人的身份证影印件（正反面扫描件）。

如果是代理人，则除上述材料外，还需要身份证影印件（正反面）及企业委托书，必须盖有公司公章或者财务专用章，不能是合同/业务专用章。

准备好上述材料后，便可以开始正式注册流程。

（1）单击"商家入驻"按钮，如图 2-27 所示。

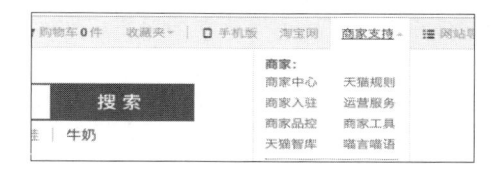

图 2-27　商家入驻

（2）注册一个企业支付宝账号。用准备好的材料进行企业实名认证，如图2-28所示。

图2-28　选择企业账户

（3）确定好自家店铺的类型，如旗舰店、专卖店或者专营店，如图2-29所示。

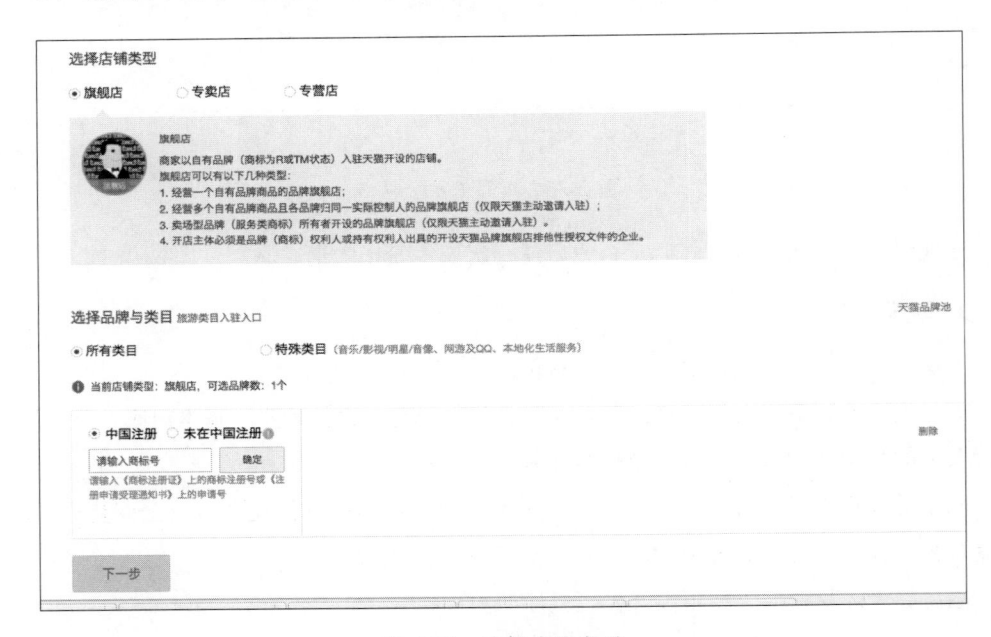

图2-29　选择店铺类型

（4）选择店铺类型后，准备好资质认证所需要的材料，如图2-30所示。

（5）开始申请入驻天猫。填写申请信息，提交资质，选择店铺名和域名，在线签署服务协议，等待审核。天猫7个工作日内会给出审核结果。审核通过后还需要办理后续手续：签署支付宝代扣协议、考试、补全商家档案；冻结保证金，缴纳技术服务年费；发布商品，店铺上线，如图2-31所示。

2019年度在营商家资质标准

店铺类型	旗舰店	专卖店	专营店
企业资质	1、企业营业执照扫描件（需确保未在企业经营异常名录中且所售商品在营业执照经营范围内）； 2、银行开户许可证扫描件； 3、法定代表人身份证正反面扫描件； 4、联系人身份证正反面扫描件； 5、商家向支付宝公司出具的授权书。		
品牌资质	1、由国家商标总局颁发的商标注册证或商标注册申请受理通知书扫描件； 2、若由商标权人授权开店公司开设旗舰店的，需提供独占授权书（若商标权人为自然人的，则需同时提供其亲笔签名的身份证/护照扫描件）； 3、若经营多个品牌且各品牌归同一实际控制人的旗舰店，另需提供品牌属于同一实际控制人的证明材料。 4、若为卖场型旗舰店，需提供服务类商标注册证或商标注册申请受理通知书；店铺内经营的品牌资质要求同专营店品牌资质要求。	1、由国家商标总局颁发的商标注册证或商标注册申请受理通知书扫描件； 2、商标权人出具的授权书（若商标权人为自然人的，则需同时提供其亲笔签名的身份证/护照扫描件）； 3、若经营多个品牌且各品牌归同一实际控制人的专卖店，另需提供品牌属于同一实际控制人的证明材料。	1、由国家商标总局颁发的商标注册证或商标注册申请受理通知书扫描件； 2、若由商标权人授权开店公司经营品牌商品的，需提供符合各类目授权级数要求的以商标权人为源头的完整授权（若商标权人为自然人的，则需同时提供其亲笔签名的身份证扫描件）； 3、标注"无要求"的，需提供上一级的品牌授权文件。

图 2-30　各天猫店所需的资质

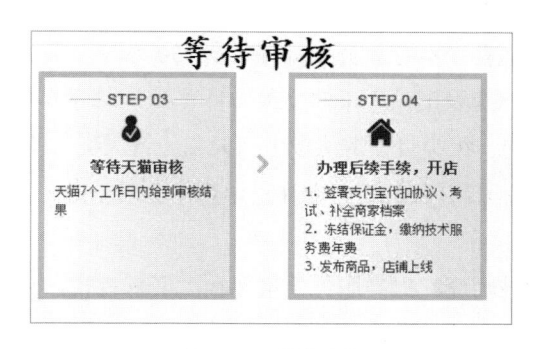

图 2-31　等待审核

审核通过后，需要缴纳店铺保证金与技术服务费年费。

天猫经营必须缴纳店铺保证金，保证金主要用于保证商家按照天猫的规范进行经营，并且在商家有违规行为时根据《天猫服务协议》与相关规则规定用于向天猫及消费者支付违约金。根据店铺性质及商标状态不同，保证金金额分为 5 万元、10 万元和 15 万元三档。

（1）技术服务费年费。商家在天猫经营必须缴纳年费。年费金额以一级类目为参照，分为 3 万元和 6 万元两档，各一级类目对应的年费标准详见《天猫 2018 年度各类目技术服务费年费一览表》。

（2）实时划扣技术服务费。商家在天猫经营需要按照其销售额（不包含运费）的一定百分比（简称费率）缴纳技术服务费。天猫各类目技术服务费费率标准详见《天猫 2018 年度各类目技术服务费年费一览表》。

（3）保证金。

品牌旗舰店、专卖店：带有 TM 商标的为 10 万元，全部是 R 商标的为 5 万元。

专营店：带有 TM 商标的为 15 万元，全部是 R 商标的为 10 万元。

特殊类目说明：

① 卖场型旗舰店，保证金为 15 万元。

② 经营未在中国大陆申请注册商标的特殊商品（如水果、进口商品等）的专营店，保证金为 15 万元。

③ 天猫经营大类"图书音像"的保证金收取方式——旗舰店、专卖店为 5 万元，专营店为 10 万元。

④ 天猫经营大类"服务大类"及"电子票务凭证"，保证金为 1 万元。

⑤ 天猫经营大类"网游及 QQ""话费通信"和"旅游"，保证金为 1 万元。

⑥ 天猫经营大类"医药、医疗服务"，保证金为 30 万元。

⑦ 天猫经营大类"汽车及配件"下的一级类目"新车/二手车"，保证金为 10 万元。

天猫经营大类包含的一级类目详情请参考《天猫经营大类一览表》。

保证金不足额时，商家需要在 15 日内补足余额；逾期未补足的，天猫将对商家店铺进行监管，直至补足。

（4）年费返还。为鼓励商家提高服务质量和壮大经营规模，天猫将向商家有条件地返还技术服务费年费。返还方式参照店铺评分（DSR）和年销售额（不包含运费）两项指标，返还的比例分为 50%和 100%两档（新车/二手车类目除外）。具体标准为协议期间（包括期间内到期终止和未到期终止；实际经营期间未满一年的，以实际经营期间为准）内 DSR 平均不低于 4.6 分；未因违规行为/资质造假被清退的；未因虚假交易和/或不当使用他人权利的一般违规行为，单次扣分大于或等于 12 分累计达 2 次及以上的；且满足《天猫 2018 年度各类目年费软件服务费一览表》中软件服务年费金额及各档折扣比例对应的年销售额商家当年所有交易状态为"交易成功"的订单金额总和，协议有效期跨自然年的，则非 2018 年的销售额不包含在年销售额内。

年销售额是指在协议有效期内，商家所有交易状态为"交易成功"的订单金额总和（虚假的交易订单等违规订单除外）。该金额中不含运费，亦不包含因维权、售后等原因导致的失败交易金额及一级类目名称为"其他"项下的交易金额。

（5）年费结算。

因违规行为或资质造假被清退的不返还年费。

根据协议通知对方终止协议、试运营期间被清退的，将全年年费返还、均摊至自然月，按照实际经营期间计算具体应当返还的年费。

如商家与天猫的协议有效期起始时间均在 2018 年内的，则入驻第一个月免当月年费，计算返年费的年销售额则从商家开店第一天开始累计；如商家与天猫的协议有效期跨自然年的，则非 2018 年的销售额不包含于年销售额内。

年费的返还结算在协议终止后进行。

"新车/二手车"类目，技术服务费年费按照商户签署的《天猫服务协议》执行。

3. 了解交易流程

在淘宝网购买商品是支持支付宝交易的，消费者可放心购买。具体流程简单分为以下四步（不区分境内、境外）。

第一步：拍下宝贝。

第二步：付款（此付款动作是将钱付到支付宝）。

第三步：等待卖家发货。

第四步：确认收货（此动作是在收到货且确认没有问题的情况下，将之前支付到支付宝的钱打款给卖家）。

具体的操作步骤如下。

（1）买家在购买前如对商品信息有任何疑问，可先通过阿里旺旺聊天工具联系卖家咨询，确认无误后，再单击"立刻购买"按钮。

（2）确认收货地址、购买数量、运送方式等要素，单击"确认无误，购买"按钮。

（3）进入"我的淘宝"→"我是买家"→"已买到的宝贝"页面查找到对应的交易记录，交易状态显示"等待买家付款"。在该状态下卖家可以修改交易价格，待交易付款金额确认无误后，单击"付款"按钮。

（4）进入付款页面。付款成功后，交易状态显示为"买家已付款"，需要等待卖家发货。

（5）待卖家发货后，交易状态更改为"卖家已发货"。待买方收到货并确认无误后，单击"确认收货"按钮。

（6）输入支付宝账户支付密码，单击"确定"按钮。交易状态显示为"交易成功"，说明交易已完成。

2.3 店铺基础操作与设置

开店之后，就要进行商品的发布和管理，主要包括商品发布准备、了解商品发布流程，以及进行商品管理和店铺设置。

2.3.1 商品发布准备

在商品发布之前，共有四项准备工作，分别为商品标题、商品属性、商品图片和商品描述。

1．商品标题

每件商品都要有一个合适的标题。以女包行业为例，现在要设置一个包装袋的标题。

通过对行业产品的标题分析，可以轻松地找到有关包装类的词。先挑选出与自己产品相关的词，如果商家卖的是烘焙包装袋，则挑选出"手提袋""礼品袋""购物袋""塑料袋"这一类和产品相关的关键词。

如果挑选出的关键词太多，则不能将所有词都放到标题中进行组合，这时就需要对这些关键词进行再挑选。挑选的方式可以通过以下公式进行：

$$搜索人气 \times 点击率 \times 转化率$$

经过计算，得到的数据越大，挑选出来的关键词在流量与转化上越精准。

观察竞争对手的成交关键词，也可以获取到有参考价值的成交词。可以将这些词放到筛选词范围之内，再到"生意参谋"查阅关键词的流量。

还可以通过淘宝的"搜索"下拉列表框来选词，如图 2-32 所示。

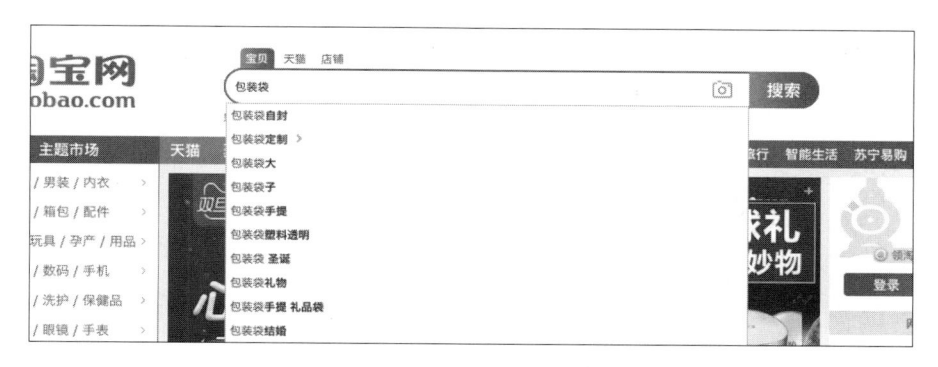

图 2-32 "搜索"下拉列表框

除用上面的方法可以找到关键词外，在"生意参谋"的"流量"的"选词助手"及"市场"下的"搜索排行"中，同样可以找到相关行业的关键词。"生意参谋"搜索词排行如图 2-33 所示。

图 2-33 "生意参谋"搜索词排行

采集到足够的关键词之后，下一步要开始优化标题。

1) 按规则组词

品牌词+属性词+修饰词+（空格）核心词

（1）找到相对应的关键词以后通过标题优化来实现获得更多、更准的流量。

（2）标题优化前要对关键词进行组合。

（3）这是规则组词，淘宝有相应的标题规范。

2）按权重组词

品牌词+核心词+属性词

（1）按搜索的权重来组合关键词。

（2）搜索权重会有不同的要求，这个环节需要人们进行长期测试。

3）按阅读性组词

品牌词+商品名+季节词+定位词+风格词+功能词+其他词

（1）消费者的阅读性也是一个很重要的参考指标。

（2）按阅读性来组词，方便消费者更好地阅读标题。

各商家可以根据自己产品的情况进行组合，找到最合适自己产品的标题。

2. 商品属性

淘宝商品属性是指发布的商品属于的类型、适合的人群、颜色、款式、价格区间等。下面以一个挂烫机为例进行介绍。

商家需要填写的挂烫机的基本商品属性包括类目、名称、市场价、品牌、型号、水箱容量、调温档位、有无支架、功率等，如图2-34所示。

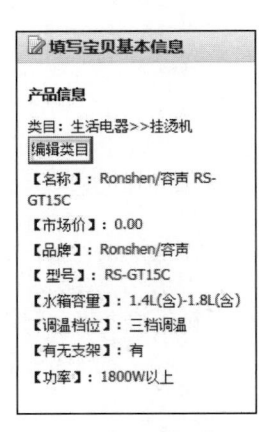

图2-34　填写基本信息

而如果是服装行业,商家需要填写的基本商品属性包括款式、风格、颜色、尺码等,各个行业的商品属性并不相同。

3. 商品图片

淘宝对于图片的要求非常严格,如下所示。

(1)商品图片的尺寸:前四张主图大小为 3 MB 以内,宽×高为 700px×700px 以上,详情页会自动提供放大镜功能;第五张主图可以放白底图,大小约为 300KB,建议宽×高为 800px×800px;第六张主图可以上传长图,宽度大于或等于 480px,宽和高的比例强制要求为 2:3,建议宽×高为 800px×1 200px。可到"发布宝贝"页面上传图片。

(2)宝贝描述图片的尺寸:没有特殊要求,可根据需要设置宽为 500px,高为 500px,大小为 100KB 以内,这样图片的打开速度较快。要求 JPG 或 GIF 格式,静态或动态的图片均可。

(3)宝贝分类图片尺寸:宽度不超过 1 165px,高度不限制,大小为 50 KB 以内,要求 GIF 或 JPG 格式,动态或静态的图片均可。先将图片上传到电子相册,得到一个缩短网址后进入"管理我的店铺"→"基本设置"→"宝贝分类"。

(4)店标图片的尺寸:宽度为 100px,高度为 100px,大小为 80 KB 以内,要求 JPG 或 GIF 格式,动态或静态的图片均可。上传步骤为"管理我的店铺"→"基本设置"→"店标"→"浏览"→"确定"。

(5)公告栏图片的尺寸:宽度不超过 480px,高度不限制,大小为 120 KB 以内,要求 GIF 或 JPG 格式,动态或静态的图片均可。上传步骤为"管理我的店铺"→"基本设置"→"公告栏"→"确定"。

(6)论坛头像图片尺寸:宽度不超过 120px,高度不超过 120px,大小为 100 KB 以内,要求 GIF 或 JPG 格式,动态或静态的图片均可。上传步骤为"我的淘宝"→"个人空间"→"修改资料"→"上传新头像"。

(7)论坛签名档图片尺寸:宽度为 468px,高度为 60px,大小为 100KB 以内,要求 JPG 或 GIF 格式,动态或静态的图片均可,上传至"我的淘宝"→"个人空间"。

4. 商品描述

淘宝商品描述共有以下四大类。

1）商品的细节图片

商品的细节图片主要用来对产品进行细节展示。服装类的产品通常需要展示模特照不容易表现到的地方，如袖口、衣领、吊牌、唛头；而一些实用性的商品更加需要细节图，如家电类，需要对重要的安全细节、产品材质进行展示。细节图片的展示重点是如实反映细节实际情况，因此不能过度包装，拍摄要写实，如图 2-35 所示。

图 2-35　产品细节展示

2）商品的形象图片

商品的形象图片主要用来对产品进行形象展示。形象图片与细节图片不同，其力求有表现力，唤起消费者的购买欲望，因此产品的形象图片都是力求唯美，而不是力求写实，如图 2-36 所示。

图 2-36　产品形象图

3）商品的具体规格尺寸

具体规格尺寸是通过数据对产品进行详细的展示。图片是无法对产品进行非常理性的解说的，这时候就需要具体的数据对产品进行分析，如图2-37所示。

尺码	前衣长	胸围	摆围	领围	肩袖长	袖肥	袖口
S	62	92.5	95.5	41	68.5	36	19
M	64.0	96.5	99.5	42.0	69.8	37.0	20.0
L	66.0	100.5	103.5	43.0	71.1	38.0	21.0
XL	68.0	104.5	107.5	44.0	72.4	39.0	22.0

由于尺码是纯手工测量所以难免存在1CM-3CM，请精灵们谅解。

图 2-37　产品规格尺寸图

4）商品的其他信息

其他信息主要介绍产品的重要数据，以及可面向的人群、环境等。其对产品进行范围推荐，以保障产品使用的正确性，如图2-38所示。

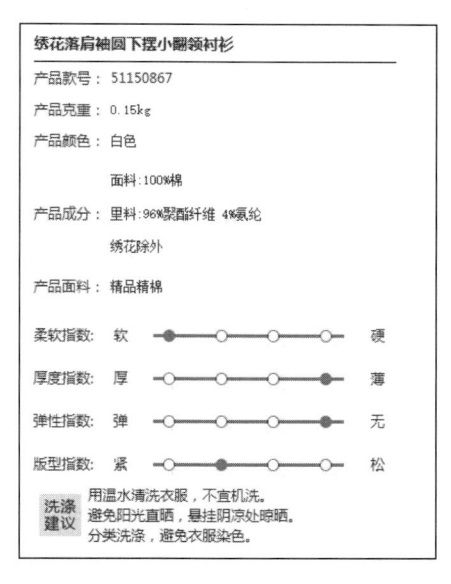

绣花落肩袖圆下摆小翻领衬衫
产品款号：51150867
产品克重：0.15kg
产品颜色：白色
面料：100%棉
产品成分：里料：96%聚酯纤维 4%氨纶
绣花除外
产品面料：精品精棉

柔软指数：软 ——●——○——○—— 硬
厚度指数：厚 ——○——○——●—— 薄
弹性指数：弹 ——○——●——○—— 无
版型指数：紧 ——○——●——○—— 松

洗涤建议：用温水清洗衣服，不宜机洗。
避免阳光直晒，悬挂阴凉处晾晒。
分类洗涤，避免衣服染色。

图 2-38　产品的其他信息

2.3.2 商品发布流程

商品发布的流程如下所示。

(1) 依次单击"我是卖家"→"宝贝管理"→"发布宝贝",如图 2-39 所示。

图 2-39 发布宝贝

(2) 选择宝贝所属类目,这里以"女装/女士精品/连衣裙/其他"为例,如图 2-40 所示。

图 2-40 选择类目

在选择到本类目可以发布的二级、三级类目之后,便可以单击"下一步"按钮。

第 2 章 主流电商平台网上开店说明 | 85

（3）发布全新宝贝，如图 2-41 所示。

（a）

（b）

（c）

（d）

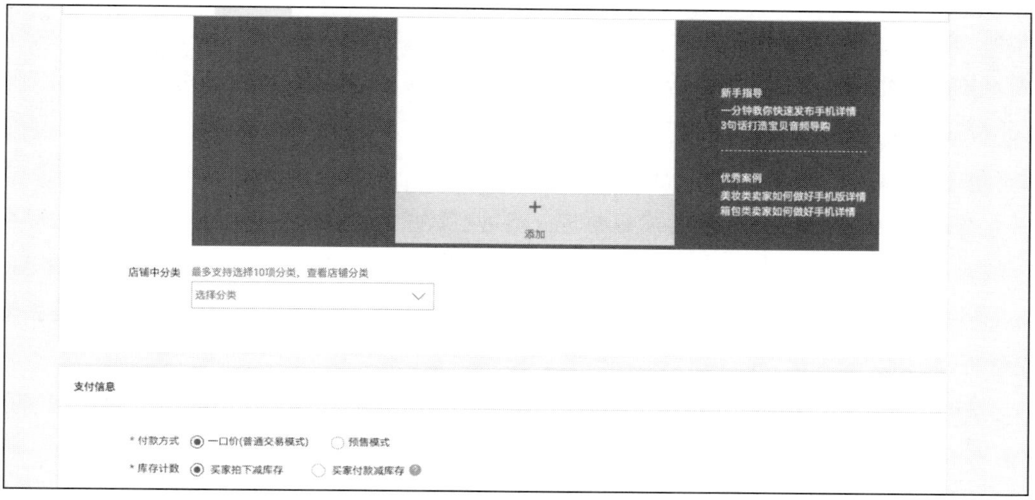

第 2 章　主流电商平台网上开店说明 | 87

（e）

（f）

图 2-41　发布宝贝

在图 2-41 中，显示"*"号的为必填内容，包括商品类型、商品标题、商品价格、商品数量、商品图片、商品描述、所在地、提取方式、返点比例等。

①商品类型一般为全新，若不是拍卖类产品，则不用进行其他选择。

②商品标题的详细描述可参照 2.3.1 小节的内容。

③商品价格为该商品的销售价格。

④商品数量为该商品的实际库存数量，或可控数量。

⑤在商品图片中可上传 5 张主图，图片至少应上传 1 张，大小不能超过 500KB。在商品图片上除商品信息外，不能添加水印、商标、优惠信息等，否则一经发现会被做降权处理。

⑥商品描述为产品的细节图、模特图、尺寸规格、其他信息等，是详情页里消费者最关注的部分。

⑦商品所在地是指仓库所在地，即发货地点。

⑧在提取方式里，实物产品为邮寄，虚拟产品可以不用邮寄。

⑨每个行业的返点比例都不一样，在此会提示本行业的最低返点比例是多少。

单击"提交"按钮，该商品便会上架。可到"出售中的宝贝"中进行查看。

2.3.3 商品管理

打开后台"商家中心"下的"宝贝管理"一栏，可看到商品管理内容，如图 2-42 所示。在此最常用的是"出售中的宝贝"和"仓库中的宝贝"。

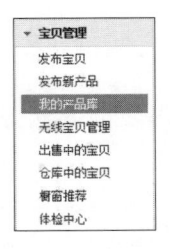

图 2-42 宝贝管理

单击"出售中的宝贝"按钮，将会看到上架出售的产品列表，管理人员可以对这些产品进行删除、下架、编辑等各种操作。其中可直接编辑的内容包括标题、价格、库存，其他详细产品信息可单击"编辑宝贝"按钮进行编辑，如图 2-43 所示。

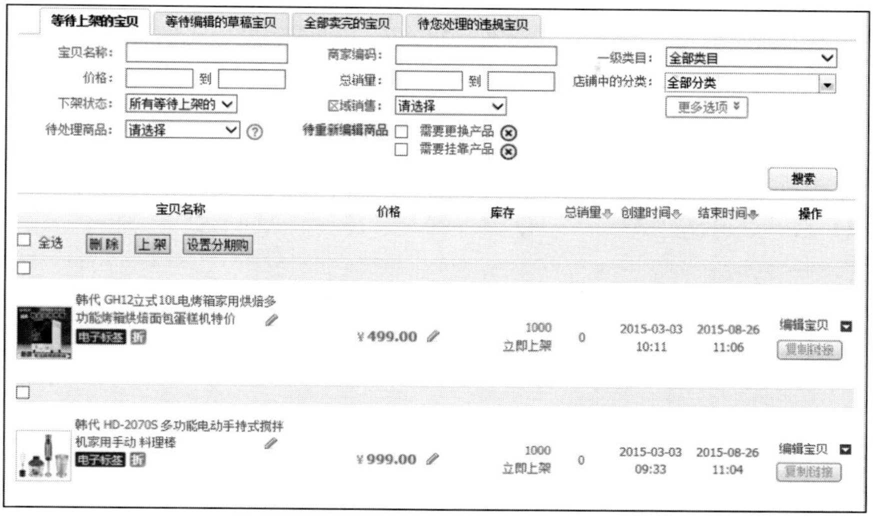

图 2-43 编辑宝贝

单击"仓库中的宝贝"按钮，这里看到的宝贝并非出售中的宝贝，而是已编辑好信息准备上架的产品。消费者是在前台是看不到这些产品的，只有商家在后台才能看得到。管理人员同样可以对这些产品进行编辑，单击"立即上架"按钮，这些产品即可展现在前台，如图 2-44 所示。

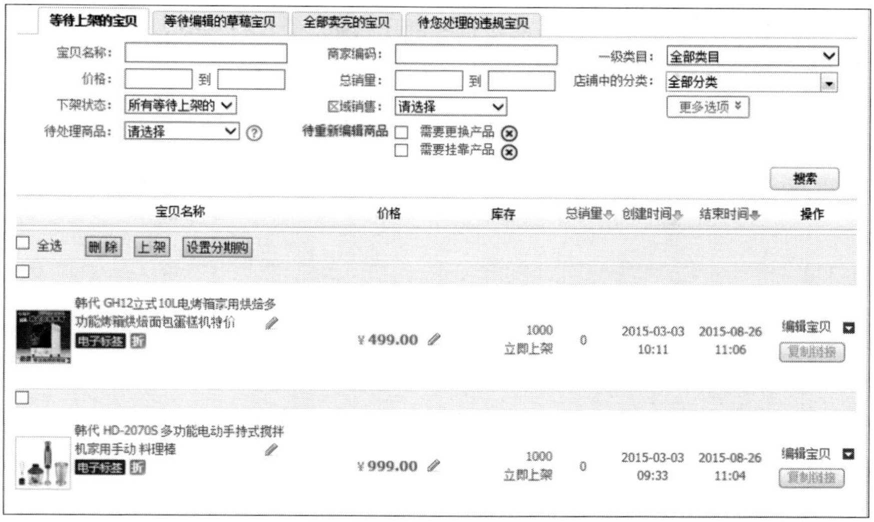

图 2-44 立即上架

单击"体检中心"按钮，人们可以在这里查看店铺的各种违规区域，如违规处理、违规扣分、市场管理、受限权限等，如图 2-45 所示。

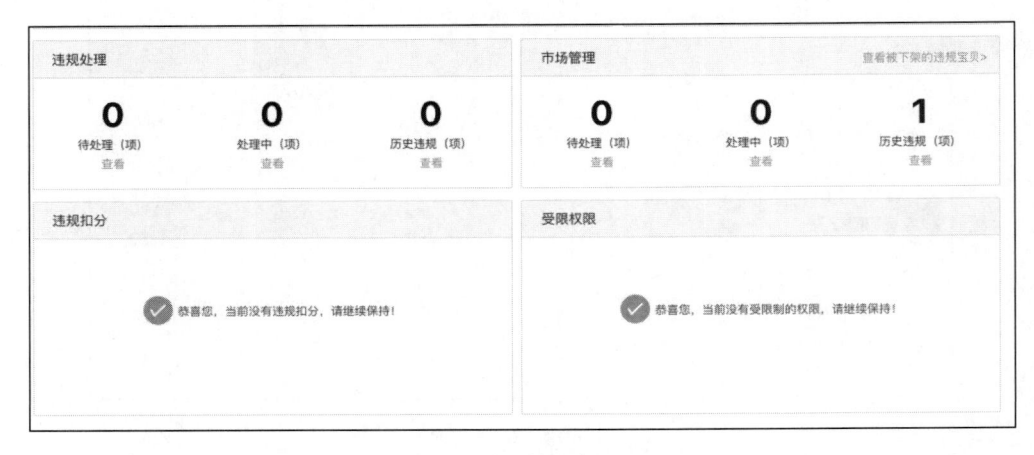

图 2-45 体检中心

在自检工具里，还能查阅综合优化、搜索体检、订单体检、资质体验、滞销商品、商品体检、合规体检、服务指标体检、营销体检、物流体检。人们最常使用的是"搜索体检"与"订单体检"两部分。搜索体检中的搜索来源可以帮助人们找到是哪些关键词带来的流量，并显示这些词的展现量，以及与前 7 日的同比数据，如图 2-46 所示。

图 2-46 搜索来源

第 2 章　主流电商平台网上开店说明

订单体检可以帮助商家找到存在问题的订单。但是体检工具笔数上限为 1 000 笔，超过该数值将无法使用此工具，如图 2-47 所示。

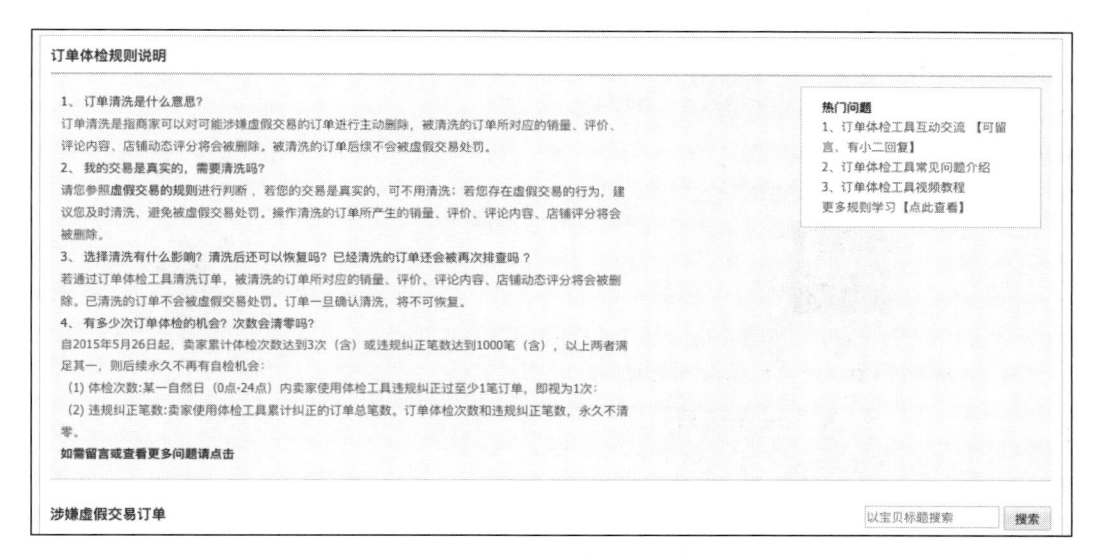

图 2-47　订单体检

2.3.4　店铺设置

店铺设置分为 PC 端设置和无线端设置两种。

1. PC 端设置

淘宝网店信息设置的内容包括店铺名称、店铺简介、店铺标志、联系地址、主要货源等。界面显示如图 2-48 所示。

（1）店铺名称：店铺名不可以修改，具有唯一性。

（2）店铺简介：卖家对自己店铺经营信息的关键词简介，这会影响前台卖家店铺搜索。

（3）店铺标志：支持 GIF 和 JPG 格式的图片，大小限制为 80KB 以内，尺寸为 100px×100px。

（4）联系地址：店铺卖家的实际联系地址。

（5）主要货源：告知买家自己店铺的货源出处。

图 2-48　网店信息

2. 无线端设置

单击"卖家中心"按钮，选择左侧栏"店铺管理"下的"手机淘宝店铺"，如图 2-46 所示。

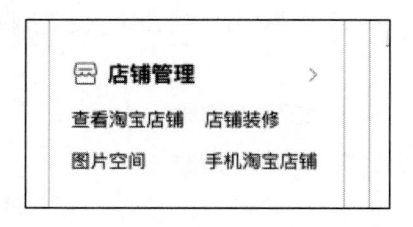

图 2-49　手机淘宝店铺入口

之后即可看到如下内容，如图 2-50 所示。

图 2-50　手机淘宝后台

单击"无线店铺"可进入无线端后台进行装修或者进行无线装修培训。

（1）无线店铺的装修主要由店铺装修、秒赞海报、自定义页面、店铺动态、装修市场、详情装修六大部分组成。

（2）码上淘包含码上下载和码上淘宝两个功能。

① 码上下载：对下载网站和提供下载服务的论坛相关页面上的二维码进行解读，获得该资源对应的下载地址，从而直接下载到客户端。其使用方法如下。

a.进入码上下载。

b.打开手机摄像头，对准页面上的二维码。

c.软件自动针对二维码画面进行扫码，扫码成功后获得下载地址。

d.然后，该资源就可以直接下载到客户端。

② 码上淘宝：通过对商品上条码的解读，搜索该商品在主要电子商务网站上的售价，

来为消费者提供价格参考信息。其使用方法如下。

  a. 进入码上淘宝。

  b. 打开手机摄像头，对准商品或书籍上的条码。

  c. 软件自动针对条码画面进行扫码，并显示扫码结果。

  d. 然后，消费者就可以获得该商品在各处的价格、介绍和相关评论。

2.4 网络安全常识

网络安全主要是指交易安全、防骗知识、商业机密三种。

2.4.1 交易安全

经过多年的发展，淘宝现在的交易流程已经非常完善了，只要坚持以下几点，就能最大限度地保障交易安全。

（1）一切按照淘宝的正常流程，不要点击任何外网链接。

（2）不要在淘宝以外的任何渠道输入支付宝账号或银行账号的密码。

（3）遇到任何纠纷均在淘宝站内解决，不要求助于站外信息资源，以免上当受骗。

（4）操作店铺不要触及淘宝底线，以免陷入各种坑骗陷阱。

2.4.2 防骗知识

淘宝卖家被骗的概率不大，但也要随时提高警惕，以免上当受骗。骗子的行骗方法常见的有如下几种。

（1）买家称自己不会使用支付宝，收到货后再用银行卡支付，而收到货后买家消失。

（2）买家称自己不会使用支付宝，先付一半货款，而收到货后不再付款。

（3）先退款再退货，退完款不再退货。

（4）故意损坏产品，要求卖家赔偿。

（5）故意替换卖家产品，然后以次充好进行退货等。

淘宝卖家发现被骗时，要迅速找到相对应的管理小二，并且保留聊天记录。敲诈方如果不愿意在旺旺上沟通，QQ 或者微信上的聊天记录也要保留，打电话时最好录音，并随时作为证据提交给管理小二。

2.4.3 商业机密

淘宝店铺的商业机密一般包括用户信息、产品机密、财务机密、人事机密、账户机密等。

（1）用户信息是指消费者的一切信息，包括消费者的旺旺号、手机号、住址、电子邮箱等信息。泄露用户信息容易使消费者受到骚扰，淘宝店铺必须保护好消费者的一切信息。

（2）产品机密是指公司产品的重要技术部分或者其他产品的重要部分，公司员工有义务、有责任保护好公司产品，相关机密不得泄露。

（3）财务机密是指店铺银行账号、密码，以及店铺资金信息等机密。

（4）人事机密是指店铺同事的信息、职责等，避免因人事信息泄露而引发内部矛盾或人才危机。

（5）账户机密是指公司的主账号与各个子账号的安全。由于主账号关系到公司的资金安全及后台权限，因此主账号不能让所有同事都知道。同时子账号也要做好授权范围，避免因授权过多而引发错误。

2.5 本章要点

（1）懂得通过分析大行业数据，再结合实际的货品资源，谨慎选择开店。

（2）了解淘宝开店及商品的发布管理。

（3）学习淘宝网络安全知识，谨防被骗。

2.6　本章习题

（1）根据自己所在地的优势货品资源选择要销售的产品，并注册淘宝店铺。

（2）完成淘宝店铺注册后成功上架产品并完成简单的店铺装修。

（3）尝试通过平台的自然流量销售出自己的第一件产品。

第3章
店铺运营

3.1 运营的核心逻辑

3.1.1 运营的根本目的

随着互联网和电子商务的快速发展,越来越多的人对电子商务网店的运营充满兴趣,那么网店的运营到底是什么?电子商务店铺运营就是运营人员对整个店铺运用合理有效的方式与方法,计划、组织、实施和控制整个产品的销售过程。在整个过程中不同的经营人员的目的也不尽相同,特别是阶段性的目的,有的是赚取流量,吸引新客户;有的是促成交易,提高产品的转化率;还有的是树立品牌形象,扩大产品知名度。但是,无论是什么目的,无论在哪个阶段,其根本目的就是围绕着销售产品去提高销售额。所有商业性的店铺运营落实到最终处,就是以盈利为目的,与销售额挂钩的行为。

3.1.2 运营的相互关系

$$销售额 = UV \times 转化率 \times 客单价$$

一个产品是否优秀,很大程度上是依据单品销售额进行判断的。影响一个产品销售额的因素有很多,但所有的因素都包含在UV、转化率和客单价这三个维度里面,如图3-1所示。

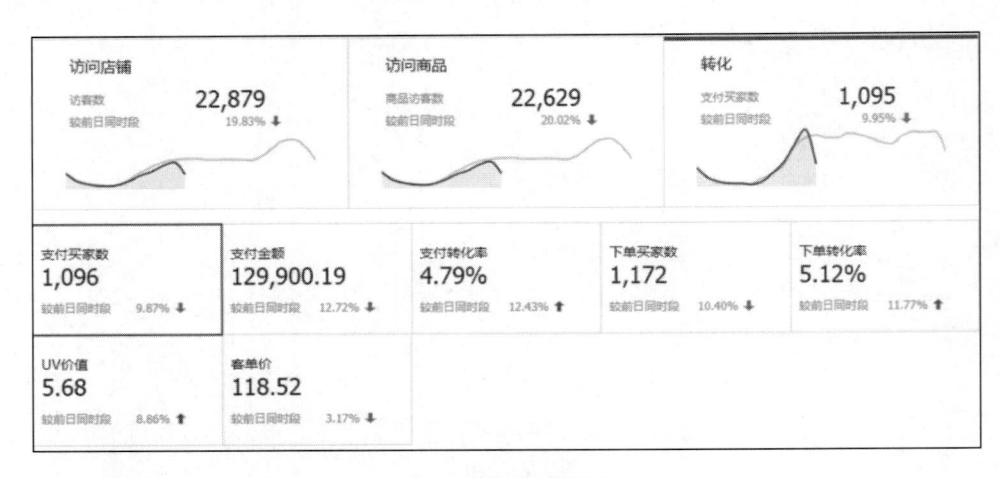

访问店铺	访问商品	转化
访客数 22,879 较前日同时段 19.83% ↓	商品访客数 22,629 较前日同时段 20.02% ↓	支付买家数 1,095 较前日同时段 9.95% ↓

支付买家数	支付金额	支付转化率	下单买家数	下单转化率
1,096 较前日同时段 9.87% ↓	129,900.19 较前日同时段 12.72% ↓	4.79% 较前日同时段 12.43% ↑	1,172 较前日同时段 10.40% ↓	5.12% 较前日同时段 11.77% ↑

UV价值	客单价
5.68 较前日同时段 8.86% ↓	118.52 较前日同时段 3.17% ↓

图 3-1 后台指数看板

1．UV、转化率、客单价的含义

（1）UV（Unique Visitor，访客数量）：一天时间内一个商品被一个 IP 地址的人浏览称为有一个访客，并且相同的 IP 多次浏览也计算为一个访客。

（2）转化率：在一定的周期内，成交订单买家数在有效推广总人数中的占比值为转换率，即成交用户数占访客数的百分比。转化率计算公式如下：

$$转化率=支付买家数/UV×100\%$$

（3）客单价（Per Customer Transaction）：是指一定周期时间内顾客的平均交易金额，其计算公式如下：

$$客单价=销售额/支付买家数$$

2．销售额、UV、转化率和客单价之间的相互关系

销售额、UV、转化率和客单价这几个维度，都是相互独立的单个单位组织，每一个维度都有自己的计算系统和完整体系，每一个维度都受很多子单元因素的影响，要想做好它们中的任何一个方面都需要仔细地研究和学习。例如，对于 UV 来说，影响 UV 本身的因素很多，如不同的流量结构来源、UV 价值等。同时，销售额、UV、转化率和客单价又是相互影响的，它们的总关系为销售额=UV×转化率×客单价，其中每一个维度相互影响，销售额的多少受 UV、转化率和客单价的影响，而任何一个维度的变化都不只对销售额有影响，对其他几个维度也有影响，如客单价的高低会对转化率造成影响。

一般来说，一种商品价格提高，其转化率会比以前降低，反之则升高。客单价的提高导致转化率降低，通常接下来的时间里 UV 是下降或者停滞的。一个客单价的调高变动，导致转化率变低、UV 减少，最终导致销售额的减少。因此，各维度之间是多向的、交错的和因果性的关系。

3.1.3 动销率

商品动销率是指在一定时间周期内有销量的宝贝数量占在线销售宝贝数量的比率。其中动销率的高低，对搜索权重和整个店铺的影响也很重要。而搜索权重所依赖的动销率也是非常重要的一个指标，如果说一个店铺有很多商品上架但是只有一种商品在出售，那么

整个店铺就是一个问题店铺。

　　在店铺运营的过程中也有这样一个关键性的公式指标，其中整店销售额等于全店单品销售额累加。也就是说销售额和全店爆款的多少有很大关系。例如，全店一种爆款的营业额为100万元，那么10种爆款销售额就是1 000万元，从1种到10种的关键就是动销率的问题。目前，提高动销率是打造爆款和让店铺的购买客户更加活跃的一种运营捷径。因此，一个合格的运营商，应想尽办法提高动销率，不要让这些流量白白浪费。如果一个顾客通过搜索商品A进入店铺，看到的商品并不是自己想要的，或者说下完单了，这个购物环节结束，但是这个时候该店铺在动销率方面设置得比较好，当顾客结束上一个购物环节时，买商品A的时候看到另一个商品B，并成交。那么商品B也会在这一单上增加权重，商品A与商品B的权重和整个店铺销售额都会增加。在线商品数查询如图3-2所示。

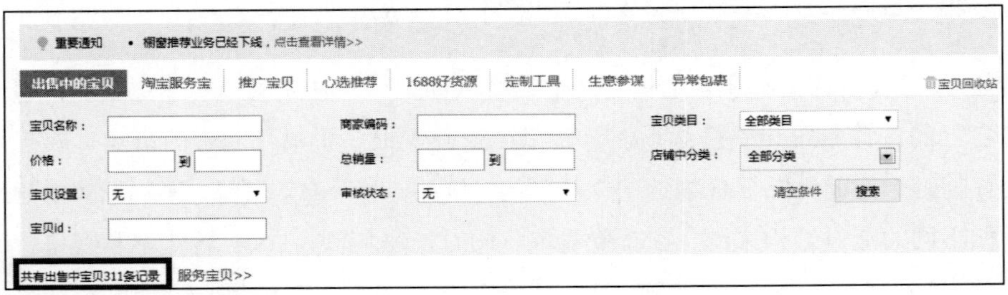

图3-2　在线商品数查询

　　相反，如果一个店铺在动销方面做得很差，当顾客搜索商品A并且成交了，但是店铺没有想尽办法让店铺的其他商品展现，或者展现的商品并没有什么优势，这个时候就无法成交其他商品。这种行为浪费的不仅仅是一单的销售额，更多的是这一单所能产生的额外成交转化率权重和坑产权重。而且长期动销做不好，导致整个店铺的动销率低，对整个店铺的长期发展是极为不利的，店铺滞销款多，店铺的权重也会拉低，新品上架也会受到影响。

　　由此可见，动销率是店铺运营很核心的一个影响因素。那么如何提高动销率呢？通常动销率的提升是从以下几个方面入手的。

1. 更多展现机会

　　所谓的动销就是需要商品A带动店内其他商品的成交，也是让其他商品有更多展现机会。如何做到让其他商品展现，就是接下来着重要做的事情。

首先，全店从商品 A "做文章"。商品 A 分主动选择和被动选择两类，被动选择是指店里的任何一个商品带来自然流量并关联成交了其他商品，人们就称其为被动商品 A。一个商品被运营者选出来作为商品 A，并且主动为其做营销活动，那么这个商品就是主动商品 A。主动商品 A 的选择一定是店里的热销款或者是主推款（也可能是还没有很多流量，但接下来要大力推广的商品），这样才会带来更多的流量，主动商品 A 流量多，才能为其他商品带来更多的展现机会，并且更大化地促成其他商品的成交。

其次，从营销手段上 "做文章"。要用尽可能多的营销展示位展示店铺商品，将商品曝光，通过店长推荐、关联宝贝、搭配套餐等关联搭配软件设置出来，让其他商品尽可能多地在商品详情页里面展示出来，如图 3-3 所示。

图 3-3　相关商品推荐

最后，在聊天页面上尽量让客服去推荐商品，特别是在成交前后了解客户需求，根据每个客户不同的需求，有针对性地推送相应的商品。

2. 增强搭配产品的相关性和互补性

当店铺商品有更多的曝光时，提高动销率的另一个关键因素就是商品的相关性和互补性。一个商品和另一个商品的相关性和互补性越强，其连带购买的概率越大。例如，商品 A 是碗，一位顾客通过搜索商品 A 进入店铺，当店铺展现出与碗相关性很强的商品 B 盘子的时候，这位客户很可能会将碗和盘子一起购买，这个时候就做到了动销的提高。但是当商品 A 是碗，而店铺设置展现的商品 B 是花瓶，那么商品 A 碗和商品 B 花瓶的相关性就会变弱，从而导致销售能力变差、动销率降低。同理，两个互补性越强的商品，动销的可能性也越大，如图 3-4 所示。

图 3-4　互补性很强的壶和杯子设置关联销售

那么在店铺运营的过程中如何判定两款商品相关性和互补性的强弱？

（1）常识性判断。很多商品是人们日常生活中稍微留意就能看得出来相关性或者互补性强弱的，如油和盐、碗和盘子、杯子和水壶等商品。

（2）后台订单。很多商品的相关性和互补性并不是轻易能够看得出来的。这个时候可以让市场帮店铺做搭配选择。在不做任何商品关联和搭配的情况下，根据顾客的真实购买反应，统计出一个订单下一款商品和其他商品同时售出的情况，做出表格并统计分析什么商品之间做搭配销售效果更好。从后台订单查看统计商品关联性如图 3-5 所示。

图 3-5　从后台订单查看统计商品关联性

（3）搭配数据反馈。当人们根据前两种方式做好搭配组合时，后续需要观察数据，等到数据呈现出一定的量级、可以做出参考性的选择时，择优选择出搭配效果更好的产品。可以参考搭配销售的数量、金额、连带率等来做出选择。关联销售的数据反馈效果查看如图 3-6 所示。

图 3-6　关联销售的数据反馈效果查看

3. 更合适的价格让利促成动销成交

在线下，我们经常会遇见通过适当的让利来增加购买金额的情况。例如，买二送一、第二件半价等活动。线上也是一样的道理，而且线上的主要推广费用会在访客获取上提高访客的价值，让一个访客单次进店成交更高的金额，其中一个很重要的方法就是价格让利。主要的手段如下：买 n 送 m、满 n 减 m、满 n 换购，第二件半价等。这些手段不仅能增加销售额和客单价，还可以提高产品的转化率，使整个产品的转化率更高。

3.2　店铺流量

3.2.1　几种重要的流量渠道来源

本节主要介绍一些流量的来源渠道和这些流量来源渠道各自的原理和已有特点，让我们更好地了解每一个流量渠道的特征。

1. 免费流量

1）搜索流量

（1）手淘搜索的重要程度。2018年的"双11"大战再次刷新了"双11"的历史最高销售额纪录，阿里巴巴平台"双11"当天销售总额为2 135亿元，天猫销售总额为1 685亿元（数据来源于数据威）。淘宝和天猫体量尽管已经很大了，但是依旧在增长。其中搜索流量来源一直是大多数商家最想获取的流量渠道。尽管淘宝这些年来一直想做多元化的淘宝机制，但是搜索一直是无法弱化的功能。人是千变万化的，如果淘宝没有了搜索功能，即使它的大数据再怎么完善，也失去了其最重要的目的性功能。从开始至今，直到未来，搜索流量都是淘宝流量的一大重要的流量来源。

（2）手淘搜索的流程如图3-7所示。图3-7中做了详细的流程介绍，整个搜索过程是一个层层筛选的环节。其中影响整个宝贝最重要的维度就是买家选择的关键词、宝贝属性、宝贝标题及竞争排名规则。

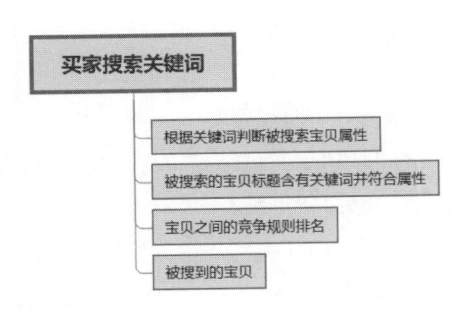

图3-7 手淘搜索的流程

（3）搜索流量的性质。

① 搜索流量的精准性。如果一个买家去搜索连衣裙，在一般情况下，可以认定其有精确的购买目标，连衣裙即其第一想要购买的物品。换句话说，买家购买连衣裙的可能性大于购买裤子的意愿，也大于买家在淘宝页面闲逛看商品的意愿。因此，搜索流量很重要的一点就是精准。

② 搜索流量的目的性和高转化性。在这里大家可以不站在卖家的身份，而是站在买家的角度去考虑搜索流量。如果一个买家去搜索一个词，其往往是带着一定的目的性去搜索

产品的，所包含的购买欲望是很强的，因此其转化效果是较好的。

③ 搜索流量的大体量和强持续性。在绝大多数类目中，搜索流量都是流量来源中占比前三的流量结构。这也说明了搜索流量是体量很大的一部分流量。而且搜索流量不像其他流量结构，一旦获得就有很强的持续性，能持续地获得搜索流量。这也是很多卖家想获得搜索流量的原因。搜索页面展示如图 3-8 所示。

图 3-8　搜索页面展示

2）手淘首页流量来源

（1）什么是手淘首页流量？手淘首页的商品就是打开手机端，不做任何搜索时首页展示的商品。这些被展示在首页的商品（除广告 banner 位外，每日好店、有好货等后台展示渠道的资源位），每被客户点击一次（每个访客不重复计算），就会获得一个手淘首页的流量访客，访客流量结构就是手淘首页流量。手淘首页商品展示图如图 3-9 所示。

（2）手淘首页的重要性。目前，淘宝越来越注重大数据的使用，想要用大数据的优势将淘宝网往社区化、社交化的一个多元化平台上发展，更想增加客户留在淘宝网的时间。人们在生活中慢慢会发现，以前人们在淘宝买东西，现在更趋向于逛淘宝。基于这种契机，手淘首页的地位在这两年也逐渐凸显出来。

图 3-9　手淘首页商品展示图

（3）手淘首页的原理。一个商品如何以免费的形式显示在手淘首页呢？在找到正确的方法之前首先需要理解手淘首页的原理。手淘首页是基于淘宝大数据的。一方面，运用大数据手段可以收集每个顾客的浏览商品行为轨迹、购买的宝贝及其价格区间等众多因素，这样就可以针对每个客户储存标签数据。另一方面，大数据还会对商家端的商品、店铺信息进行收集，如商品购买人群的年龄、喜爱的价格、地域等，根据众多因素生成商品的标签。然后，大数据会对商家端商品的数据和买家端的客户数据进行整合，两方的数据导向性越一致，这个客户越容易被匹配到感兴趣的宝贝。手淘首页匹配原理如图 3-10 所示。

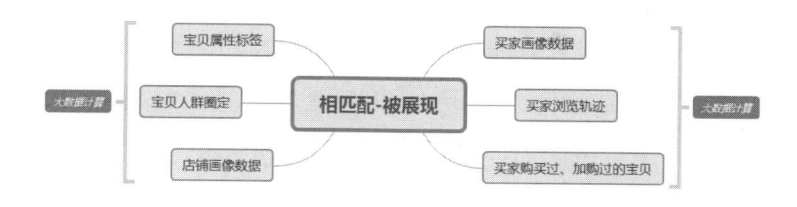

图 3-10 手淘首页匹配原理

3）新趋势下的流量来源

（1）微淘流量。内容运营是近几年来非常火的流量来源。而微淘是内容推广中的重中之重。微淘之所以获得那么多的关注，是因为它的流量越来越大，对入驻的要求也不高，并且获取流量的推广成本非常低。随着付费推广的发展越来越完善，付费流量的获取成本在不断提高，如果直通车（一种付费推广）的单次点击费用是 1.5 元，那么微淘的单次点击费用很容易就可以达到 0.01～0.02 元。可以说微淘正处于淘宝扶持的一个红利期。

（2）"问大家"流量。现在的淘宝流量结构很多，流量来源也很丰富。其中"问大家"这个板块从开始推出到现在，一直备受关注，因为这个板块是买家了解卖家的一个重要的信息窗口。"问大家"对于商家来说不仅能影响转化率，而且也是现在很多卖家的重要流量来源。

2. 主流付费流量来源及新趋势（三大工具、内容、活动）

在碎片化的流量时代，网店推广流量来源多种多样。就淘宝和天猫平台而言，付费推广的三大工具依然是引流工具的核心。三大工具是指直通车、钻石展位、淘宝客。除直接付费获取流量的三大工具外，平台还有很多通过内容吸引和维系流量的工具，如微淘、达人分享、直播等，也有许多通过打折促销获取流量的促销活动、流量坑位付费的活动，如聚划算、淘抢购等。

1）直通车

淘宝（天猫）直通车是帮助商家推广商品和店铺的营销工具。通过对买家搜索的关键词或淘内/外的展现位置出价，将宝贝展现在高流量的直通车展位上，商家也可以通过多种买家标签决定在哪些买家面前展现哪些商品，让宝贝在众多商品中脱颖而出。

直通车是以买家对关键词的搜索为底层逻辑展开的，是一种卖家对买家搜索相关关键词进行出价，以竞价排名的方式来获得产品展现的推广方式。目前的直通车推广包括关键词搜索推广、直通车定向推广等，如图3-11～图3-13所示。

关于直通车的使用介绍比较复杂，拥有其自身的产品逻辑，详见本系列书籍《网店推广》（第2版）相关内容。

图3-11　关键词搜索结果页（右侧）掌柜热卖

图3-12　关键词搜索结果页（底部）掌柜热卖

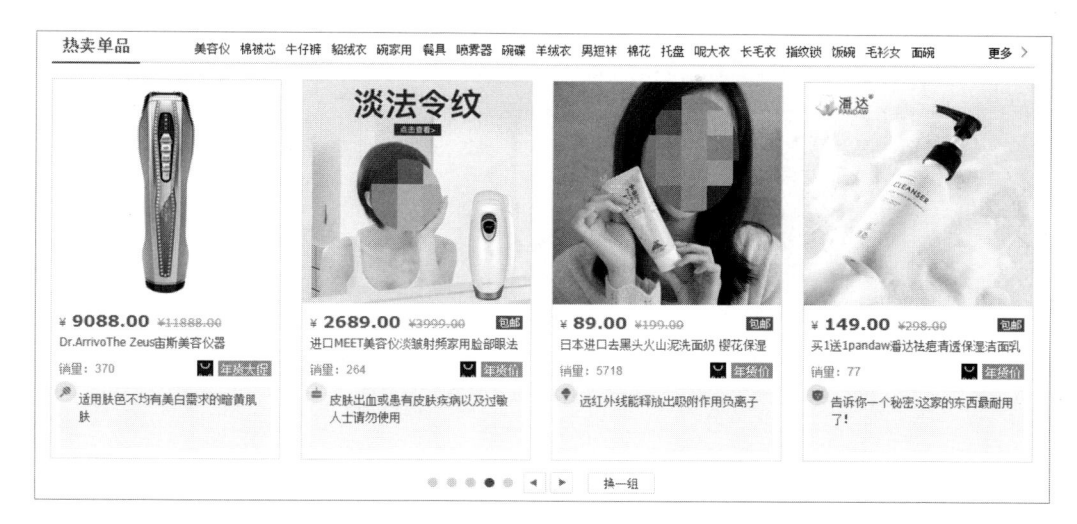

图 3-13 我的淘宝—已买到的宝贝位置展现（底部）

直通车的智能推广是指直通车这个工具软件根据商品属性特征开设计划后，系统自动选取相关的关键词进行智能匹配，人们可以在报表中查看关键词推广效果，也可以手动删减一些关键词，但是出价的时候快速统一出价，这大大提高了直通车设置的速度。当然，智能推广的好和坏，很大程度上和商品本身相关。智能推广通常被商家用于商品投产比比较高的产品，或用于挑选关键词，或用于测款和测图。

2）钻石展位

钻石展位是面向全网精准流量实时竞价的展示推广平台，以精准定向为核心，为商家提供精准定向、创意策略、效果监测、数据分析等一站式全网推广投放解决方案，帮助商家实现更高效、更精准的全网数字营销。

智钻会根据消费者行为进行人群划分，基于阿里巴巴的大数据能力，将相关人群分为触达人群、兴趣人群、意向人群、行动人群、成交人群等，如图 3-14 所示。并有 DMP 等人群划分工具，让商家实现多维度、细致化的人群圈选。

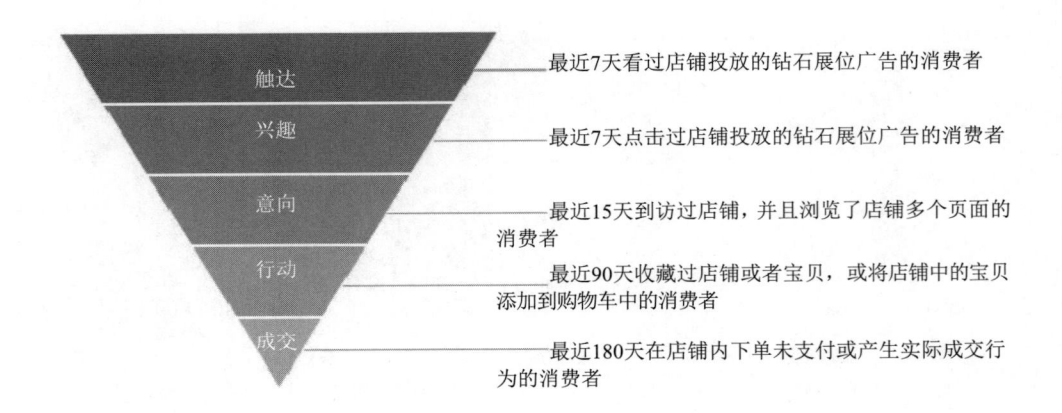

触达 —— 最近7天看过店铺投放的钻石展位广告的消费者

兴趣 —— 最近7天点击过店铺投放的钻石展位广告的消费者

意向 —— 最近15天到访过店铺，并且浏览了店铺多个页面的消费者

行动 —— 最近90天收藏过店铺或者宝贝，或将店铺中的宝贝添加到购物车中的消费者

成交 —— 最近180天在店铺内下单未支付或产生实际成交行为的消费者

图 3-14 通过智钻进行人群划分

3）淘宝客

淘宝客是一种按成交计费的推广模式，淘宝客可从推广专区获取商品代码。推广人员利用打字机设置推广代码，通过一定的渠道（包括淘宝直播、微信、微博、抖音等）发布自己的链接，任何买家经过淘宝客的推广进入淘宝卖家店铺完成购买后，推广人员就可得到由卖家支付的佣金，实现商家多渠道的商品推荐和推广。

在通常情况下，淘客的整个佣金形式如下：商家设置服务费和佣金给推广人员，推广人员想要获得好的推广效益并能把商品推广出去，会选择商家给出佣金和服务费高的及最大让利的商品。佣金和服务费是给推广人员的，让利是给消费者的。通过让利让商品达成更好的交易，通过高佣金和服务费让更多的推广人员帮助推广商品，但淘宝客推广成交的权重相对于其他渠道成交的权重要低。

3.2.2 流量获取

本节主要运用 3.2.1 节中介绍的流量特征原理，将其一一剖析从而讲述如何获取相应流量结构的流量。这属于原理和特征的运用，然后落实到具体的方法。

1. 搜索流量的获取

搜索流量又称自然搜索流量。搜索流量之所以称为自然搜索流量，是因为其是完全免费获得的流量结构。前文已经提过,搜索流量的性质就是精准、高转化、体量大、持续性强和免费。如此优质的流量结构应该从哪些方面去获取呢?下面介绍如何获取搜索流量。

1)选择正确的类目商品才能被展现

商品上架前的第一件事情就是选择类目。为什么要区分类目?其实就是将相关的商品归类划分,便于下次搜索这个商品。人们搜索商品时,在搜索算法中淘宝的第一个筛选就是类目,这样淘宝算法计算的数据量就会大量减少,也方便商品的管理。如果商品类目放错,会第一个被筛选出搜索条件。这就类似于,张三是一班的,李四是二班的,人们去找张三时,不会去二班。当然有的商品在两个类目中都有展现。像碗这类产品,不仅在碗这个类目中能搜到,在盘子的类目中也能搜到,这个时候消费者就需要衡量它们的竞争度和展现量级再做出选择。就像张三在一班学习文化课,但是他又在三班学习美术课,人们在两个班都能找到他,但是他可能上文化课 3 小时,上美术课 6 小时。因此,人们需要考虑在哪个班更容易找到他,但是去二班是一定找不到张三的。上架宝贝也一样,一定要选择正确的类目才能被搜索到,也一定要选择合适的类目才能容易被找到。上架前设置选择类目如图 3-15 所示。

图 3-15 上架前设置选择类目

2)商品销量越大、坑产越高,越容易被展现

在淘宝搜索中可以看到一个销量排名,这足以说明一款商品的销量对搜索的影响。一方面，淘宝会给予销量高的商品更多的展现机会，所以说同等条件下，销量高的商品容易被搜索到，销量是淘宝搜索机制衡量一个商品优质与否的重要条件。另一方面，坑产（淘宝给你一个资源位，这个资源位产出营业额的多少称作坑产）也是淘宝搜索机制的重要衡量条件。例如，有两款连衣裙，A款的售价是80元，日销量是10件，它的销售量虽多但单日坑产仅为800元；B款售价是2 000元，日销量是2件，它的单日坑产为4 000元。因此，B款商品也会获得展示的机会。淘宝搜索的衡量机制都是多维度的，它在计算销量加权重的同时，坑产也在加权重。这样，那些高价位的商品才能被展现，淘宝的页面才会多元化。可以说，同样销量、同样维度，坑产越高，商品越容易被展现。总而言之，销量和坑产都是影响搜索的重要因素，销量越大、坑产越高商品越容易被展现。淘宝搜索销量排名如图3-16所示。

图 3-16 淘宝搜索销量排名

3）商品标题和关键词的相关性和竞争度

一个优秀的标题能让商品更容易被搜索到。影响搜索排名的因素很多，但是其中很重要的一个因素就是商品标题中是否含有与搜索相关的关键词。例如，消费者搜索连衣裙，搜索出来的一般不会是裤子。当然，有的标题中没有消费者搜索的关键词，但也被展现出来了，这是什么原因呢？主要是因为这款商品的属性和你搜索关键词比较匹配，而且权重比较高，才会被展示出来。因此，商家在做标题时需要尽可能寻找让商品展现的词并体现在商品标题中。这些词一般是搜索热度比较高的。另外，在制作标题时，不能只看词的热度也要兼顾这些词的搜索竞争度。例如，连衣裙这个词虽然搜索的人多，搜索热度高，但是它的在线商品数也是非常多的，因为可能许多人都用这个词做标题。同样的词，淘宝会从其他维度去衡量一件商品和其他众多商品的竞争度，从而决定该商品是否被展现。竞争度的考量需要商家结合自身的情况，如果是大卖家，商品竞争力比较强，建议商家直接用搜索热度高的关键词，不用过多地考虑竞争度。但是如果是中小卖家，商家去做标题就需要同时参考词语的竞争度和热度。总之，用热度高的关键词做标题是为了增加与更多搜索买家的相关性，但是增加相关性的同时也要考虑竞争度。搜索关键词排行如图 3-17 所示。

图 3-17　搜索关键词排行

4）转化率越高商品越容易获得搜索流量

商品转化率分为其他流量渠道的转化率和搜索转化率。一般商品搜索机制认为一种商品的转化率越高，说明该商品越受市场买家的喜爱。因此，一般商品转化率越高，淘宝会持续地给予这款商品的流量越多。如果一个商品被淘宝展现，却不能给予更多的成交量，这反过来是对淘宝展现位置的一种浪费。因此，商品的转化率对搜索排名的影响极大。其他流量渠道转化好，会对搜索流量的获取有很大的好处。但是搜索流量的转化率高，会对搜索流量的获取有更加直接的作用。

而搜索流量的转化又可以分解为单个关键词的转化率，如果单个关键词的转化效果好（这里的效果好是指与竞争对手对比），会持续地给予这个关键词更多的流量，从而带动整个搜索转化率、商品转化率的提高。而关键词转化率、搜索转化率、商品转化率高又会被淘宝给予更多的搜索流量，从而形成良性循环。

2. 手淘首页流量的获取

手淘首页流量是近几年来才被重视起来的流量，而且越来越被重视。因为在不少类目中手淘首页都是排名前三的流量来源渠道。其中手淘首页最大的一部分流量来源就是手机淘宝中"猜你喜欢"的区域。在最近的电商圈，很流行的一句话是"猜你喜欢C位出道"。为什么这么说？因为它流量大，而且获取流量的过程速度有的时候非常快。那么如何更容易地让买家"猜中"自家的商品呢？或者说如何让自家的商品获得更多的手淘首页流量呢？

1）判断类目是否有手淘首页流量

在获取手淘首页流量之前，商家需要做的事情就是判断自己所经营的类目的商品是否包含手淘首页流量。像人们经常见到的商品类目，如女装、男装、图书、农产品等都有不错的手淘首页流量来源。但是如果商家对自己所处的行业不是很了解，该如何判断自己所经营的类目是不是有手淘首页流量呢？这时商家就需要去查看一些数据，看看自家经营的类目中的优秀商品，是不是有手淘首页流量，并且了解在这些优秀的商品中手淘首页流量有多少，手淘首页流量第一名，就说明这个类目中的这个商品能获得的手淘首页访客数最多。另外需要看看手淘首页流量前十名之间的首页流量差距。如果第一名首页流量来源是 30 000 个访客，第二名是 1 000 个访客，那它的首页流量竞争密度就很小，手淘首页流量获取难度就比较小。如果第一名首页流量渠道来源是 30 000 个访客，第二名是 29 000 个访客，第三名是 28 000 个访客，那么这个类目的手淘首页流量渠道获取难度就比较大，因为它的竞争密度比较大。TOP 商品单品流量结构的查看和手淘首页访客数查看如图 3-18 所示。

Top10流量来源									
PC端来源					**无线端来源**				
来源名称	访客数	占比	浏览量	占比	来源名称	访客数	占比	浏览量	占比
淘宝搜索	473	45.22%	591	44.34%	手淘首页	74,162	27.52%	172,863	24.63%
淘宝站内其他	156	14.91%	191	14.33%	手淘天天特价	47,462	17.61%	110,211	15.71%
直接访问	136	13.00%	184	13.80%	手淘搜索	41,363	15.35%	117,382	16.73%
淘宝客	113	10.80%	144	10.80%	直通车	25,121	9.32%	66,274	9.44%
购物车	51	4.88%	66	4.95%	购物车	17,879	6.63%	61,568	8.77%
天猫搜索	43	4.11%	51	3.83%	淘内免费其他	15,282	5.67%	42,838	6.10%
宝贝收藏	27	2.58%	36	2.70%	我的淘宝	14,716	5.46%	41,899	5.97%
淘外流量其他	19	1.82%	24	1.80%	淘宝客	14,474	5.37%	42,105	6.00%
淘宝其他店铺	17	1.63%	28	2.10%	手淘问大家	6,827	2.53%	13,642	1.94%
淘宝海外	4	0.38%	8	0.60%	手淘其他店铺商品详情	3,963	1.47%	9,244	1.32%

图 3-18　TOP 商品单品流量结构的查看和手淘首页访客数查看

2）主图点击率要高

手淘首页流量的获取很大一部分影响因素就是主图的点击率。很多商家在运营店铺的时候就发现，有的商品整体表现一般，但是有一段时间手淘首页流量就突然变大了，回头再找原因，往往就是主图更换了，点击率变得很高，或者是因为其他原因主图的点击率变得很高，这个时候手淘首页流量就会突然增加。因此，想要获取更多的手淘首页流量，一定要重视主图的点击率。主图的点击率可以在直通车里进行测试。一般认为一个主图点击率好的依据就是比竞争对手的点击率高，或者是同行平均的 1.5～2 倍。直通车图片点击率对比图如图 3-19 所示。

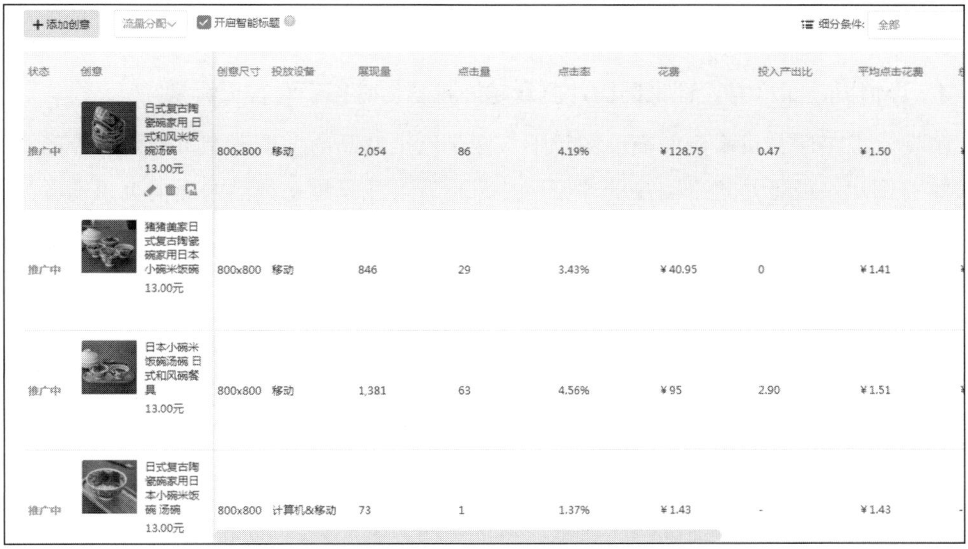
+添加创意 流量分配 开启智能标题 细分条件: 全部

状态	创意	创意尺寸	投放设备	展现量	点击量	点击率	花费	投入产出比	平均点击花费
推广中	日式复古陶瓷碗家用 日式和风米饭碗汤碗 13.00元	800x800	移动	2,054	86	4.19%	¥128.75	0.47	¥1.50
推广中	猪猪美家日式复古陶瓷碗家用日本小碗米饭碗 13.00元	800x800	移动	846	29	3.43%	¥40.95	0	¥1.41
推广中	日本小碗米饭碗汤碗 日式和风碗餐具 13.00元	800x800	移动	1,381	63	4.56%	¥95	2.90	¥1.51
推广中	日式复古陶瓷碗家用日本小碗米饭碗 汤碗 13.00元	800x800	计算机&移动	73	1	1.37%	¥1.43	-	¥1.43

图 3-19 直通车图片点击率对比图

3）手淘首页转化率高

想要持续、大量地获得手淘首页流量，手淘首页转化效果必须比较好。点击率可能会给商家带来大量的手淘首页访客流量，但是如果大量的手淘首页流量不能被转化，或者转化效果不好，那么手淘首页流量的获得不会很多，即使获取了流量，之后也会因为转化率低，以致手淘首页流量减少，也就是说不能持久地获得手淘首页流量。前文讲述了手淘首页的原理就是根据大数据计算买家的个人爱好、习惯，推送可能感兴趣的商品。这是一种推送的形式，用以在买家面前展示。这就造成了手淘首页的转化率并没有像手淘搜索那么高，因为一个是商品找人，一个是人找商品。

那么在上述情况下，商家需要最大化地提高商品的转化率。首先，商品的性价比比较高。系统推送的产品本身是买家感兴趣的产品，再加上商品的性价比比较高，就相对容易获得成交。其次，尽量选择高频词。例如，食盐、火锅底料、味精三者是一个类目，一个买家由于上次购买了这三样产品，系统一个月后又推荐了这三款商品。从概率上讲买家购买食盐的可能性就会更大，因为这个时候买家可能食盐和火锅底料已经没有了，但味精还有。盐和味精相比，盐是高频词产品；盐和火锅底料相比，盐是刚需品。因此，在选择做手淘首页的商品时，一定要选好产品。最后，商品的客单价不能太高。一般情况下商品的转化率是和客单价有关的。客单价越高，转化率越低。手淘首页转化率本来就低于类似搜索流量的转化率，商品的客单价如果非常高的话，这个商品的手淘首页就不太好做。

4）详情页、买家秀、评论的图片质量越好越容易获得手淘首页流量

消费者在手淘首页看到的商品图片不一定是这个商品的主图，有可能是这个商品的精选买家秀图片，或者是这个商品的评论图片，也有可能是这个商品的详情页里的图片。如果一个商品的图片比较美观，那么这些图片也容易被淘宝抓取做"猜你喜欢"的展示图，可以获得更多的手淘首页流量。

3. 微淘流量的获取

了解官方规则，对于操作微淘获得平台流量至关重要。以下内容来自阿里·创作平台"云雀"中的相关官方说明。

微淘流量的获取不是即时的，而是需要长时间的维护和大量的时间精力去堆积的。微淘想要被更多的人看到，获得更多的微淘流量，还需要在做微淘的过程中关注很多点。

1）高质量的内容价值分

内容价值分主要考核内容的质量及优质内容规模。其中内容质量分是大数据算法拟合计算出来的一个分值。而内容规模指的是商家近一年内发布有效内容的整体规模，并且不抄袭、不重复发布的优质内容才会被计算。因此，优质的内容越多，整体内容价值分也就越高，而发布低质内容或重复内容，会拉低此项分数。

（1）如何提高美容价值分？内容本身需要符合平台对内容的基本要求。

①图片美观：包括封面图、文内插图的清晰度、美观程度，不得有"牛皮癣"、未授权

明星图等图片内容。

②文案通畅原创度高：是否是自己撰写的内容，是否有抄袭网络信息的现象；语言表达清楚，且生动、丰富、完整。

③内容与账号本身类目相关性强，有账号自身的主张见解，能够引起用户共鸣。

（2）好的内容能带来好的效果，从而提升内容价值分，效果主要包括以下几方面。

①用户对内容的浏览情况。

②用户基于内容产生的诸如点赞、评论、转发、收藏等互动情况。

③用户对内容中推荐的商品是否感兴趣，是否对其购物决策有帮助。

总之，持续发布优质的原创内容，并形成一定的有效内容规模，就可以有效提升内容价值分。

2）高质量的粉丝价值分

粉丝价值分主要考核商家的粉丝规模及粉丝运营能力。其中粉丝规模主要考核有效粉丝数，若粉丝中有较多的垃圾粉丝、僵尸粉丝，将会降低粉丝价值分，这个时候商家需要做的就是增加和粉丝之间的黏性，形成良好的互动，才能真正打造属于自己的优质 IP。那么如何提升粉丝价值分？

（1）更多有效粉丝关注：了解粉丝，为粉丝生产优质内容，才能吸引更多关注。

（2）更多粉丝回访：用户成为粉丝之后，阅读所关注达人发布的内容，观看发布的视频及直播。

（3）更多粉丝互动，提高粉丝的忠诚度：发布优质内容，引起粉丝点赞、收藏、分享、论证等；多与粉丝进行互动，如积极回复粉丝评论等。

3）账号高健康分

账号健康分主要从账号信用分及账号活跃度两方面进行考核。账号信用分是指商家在阿里·创作平台的信用情况，考核商家是否遵守阿里·创作平台的管理规范，是否有违规行为。账号活跃度指账号积极活跃，在阿里·创作平台中保持一定的发布内容数和发布频率，并和粉丝保持良好的互动。那么如何提升账号健康分？

（1）保持账号信用分情况良好，若有以下行为信用分将会受到影响：发布危害信息，滥发信息，发布淘系外内容，发布广告，干扰平台经营秩序，违规进行推广，在内容中泄露他人信息，侵犯他人权益，骚扰他人，通过作弊的手段来提升数据表现等。若是信用分低于 30 分，整体账号健康分将会非常低。

（2）账号保持一定的活跃度，在平台上多发布优质内容，每周都进行内容更新。一定的更新频率和优质内容的发布数，是账号活跃度的基础（微淘规则主要参考阿里·创作平台/商家号白皮书）。

提高上述这三个维度的得分，是微淘的核心内容。这三个维度得分高会让微淘不仅可以展示在自己的店铺里面被粉丝看到，也很容易被其他平台采纳曝光，从而将微淘从店铺私域拉到整个淘宝的公域里获得大量的流量。另外，现在的钻展也可以投放微淘内容，微淘内容写得比较好，钻展可以直接拿过来对粉丝进行内容投放，由于是对老客户的投放，效果较好。微淘后台数据如图 3-20 所示。

排名	文章/发布时间/作者	合作方式	浏览次数	浏览人数	互动次数	引导进店次数	引导进店人数	查看	操作
1	爆款再次来袭，价格更亲民 2018-11-10 09:28:47 猪猪美家ZHUZHUHOME	自制	6,320	4,483	17	243	117	□	详情 关注
2	颜控也收了我的实用吧 2018-11-22 08:13:19 猪猪美家ZHUZHUHOME	自制	3,814	2,340	13	245	73	□	详情 关注
3	猪猪美家曝冬水壶系列 2018-11-12 14:30:55 猪猪美家ZHUZHUHOME	自制	1,801	855	5	106	49	□	详情 关注
4	日式系列新成员 2018-11-21 09:53:05 猪猪美家ZHUZHUHOME	自制	1,620	1,105	10	106	48	□	详情 关注
5	可以对食物完美呈现的餐具 2018-11-28 08:18:23 猪猪美家ZHUZHUHOME	自制	1,795	1,259	0	104	34	□	详情 关注

图 3-20　微淘后台数据（可根据数据为调整导向发布微淘的内容）

4. "问大家"流量来源

"问大家"是现在新兴的流量来源入口，它是比较容易获得流量的来源入口，现在只能展示在手机的页面上，是客户了解商品的一个渠道。

"问大家"是由想要了解商品的人对商品提问，购买过这款商品的人会被随机抽到，或者是商家主账号才能对问题进行回答。被提问的问题越多，回答得越多，以及关注这个问题的人越多，获取的"问大家"流量越多。而且"问大家"中被反复提问出现的词会成为商品新的标签，商品的标签对搜索和其他流量渠道都有很大的影响。但是因为这一块的流量来源并不是很大，所以目前这一块经常被商家忽略。这一块的流量不仅是对流量的引进，对转化也有很大的影响，但是对转化的影响是双向的。例如，有个人问："这款产品的质量好吗？"购买过的客户回答："买过了，超后悔。"这个时候对转化的影响就是负面的。因此，这一块的流量渠道对商品的质量、品质要求是比较高的，做或者不做，商家需要慎重考虑。手机"问大家"页面展示如图 3-21 所示。

图 3-21　手机"问大家"页面展示（图中是"问大家"对商品打上的标签）

3.3　店铺转化

商品转化率的影响因素有多种，例如，产品、商品定价、视觉、产品利益点、关键词、客户精准度、客服话术和评价优化等。

3.3.1　产品

淘宝的本质就是利用电子化的技术手段在网络上销售产品。随着淘宝发展得越来越完善，商家越来越注重回归产品本身。产品本身质量好，性价比较高，由运营的人员进行简单推广，得到了一定的曝光之后，就会有不错的转化效果。而且购买过的人员也会更多地给予商品好的评价、买家秀等回馈，其他新的访客看到这些正面的信息也会使商品的转化率提高，并且购买过的人也会由于第一次的购物比较满意，从而再次购买。由此可见，一个好的产品，会带来越来越良性的循环，从而使整个商品的转化率提高。

相反，如果产品本身质量不佳，就很难去完成推广，因为在推广的过程中会出现一系列的问题。所以在正式做一件产品的推广之前，运营人员一定要选好推广产品。用一部分时间去选产品，比用大量的时间去推广花费的时间成本和金钱成本都要低得多。一个好的产品做起来可以说事半功倍。

3.3.2 商品定价

商品的价格是影响商品转化率的重要因素。一般说来，商品的价格越高，转化率越低。价格的高低也对商品的性价比有很大的影响。这就要求人们需要掌握合理的定价。

1. 了解商品成本和行业的利润率

商品成本和行业利润率是定价的依据，了解它们才能保证商家在经营的过程中利润的最大化。一般商品的价格越低，转化率越高。因此，商家应合理定价，在保证利润的同时，最大限度地提高转化率。

2. 店铺标签客单价定价

每个老店铺都有自己的人群价格标签。长期积累下来会有固定的人群对店铺进行访问。这时如果店铺的人群价格标签是 80~100 元，而商家将产品定价为 400 元，让平时消费习惯为 80~100 元的人去购买 400 元的同类产品，商品的转化率会下降。因此，商家在定价和上架商品的时候需要考虑的就是店铺的固有标签。如果店铺标签和定价相似的话，对转化率是有一定的提升效果的。生意参谋/交易后台店铺的固有标签价位如图 3-22 所示。

3. 行业大盘价位

商家需要了解行业里关于价格的市场容量。所谓市场容量就是整个市场流量大盘的总体。例如，整个淘宝网对连衣裙搜索流量是 90 000，市场最喜欢的价位为 0~69 元的人占 13%，市场最喜欢价位为 69~122 元的占 23%，市场最喜欢价位为 122~345 元的占 50%，市场最喜欢价位为 345~700 元及以上的占 14%。这个时候商家需要根据价格和市场的大盘及竞争程度选择合适的产品和合适的产品定价进入市场，市场上喜欢此产品定价的人越多，商品转化率越高。连衣裙被喜欢的价位占比如图 3-23 所示。

价格带	支付买家占比	支付买家数	支付金额	支付转化率	操作
0-5元	9.09%	4	22.70	2.11%	查看趋势
5-10元	15.91%	7	175.13	0.92%	查看趋势
10-40元	86.36%	38	2,842.12	0.99%	查看趋势
40-150元	18.18%	8	1,205.37	0.58%	查看趋势
150-350元	4.55%	2	1,957.79	1.39%	查看趋势
350元以上	2.27%	1	466.28	0.98%	查看趋势

图 3-22　生意参谋/交易后台店铺的固有标签价位

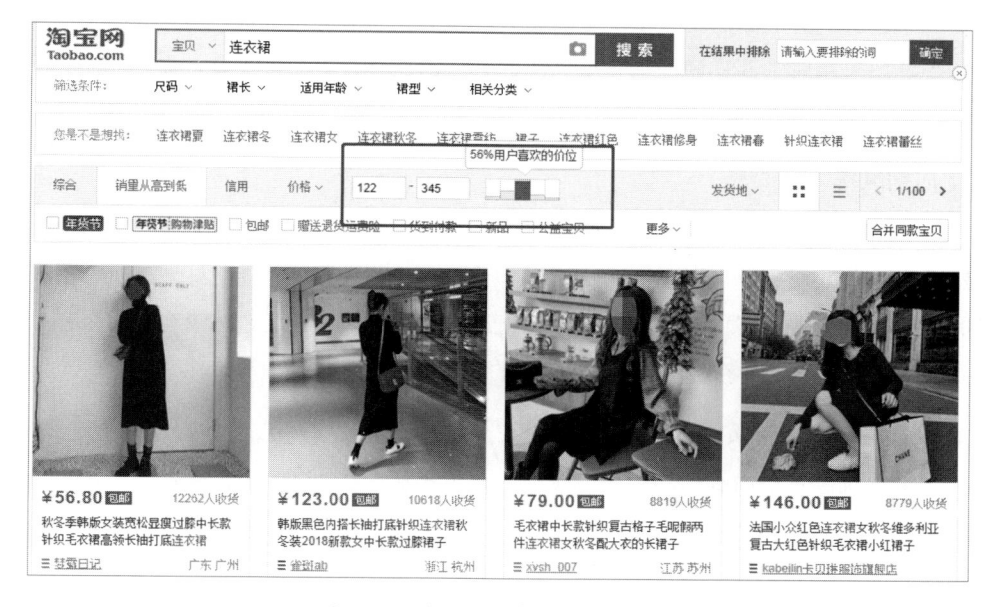

图 3-23　连衣裙被喜欢的价位占比

4. 竞争对手定价

目前，淘宝市场已较为完善，在售的许多产品，在整个淘宝网的市场上都能看到相似产品或同质产品。如果相似产品或同质产品的价格略低于自家产品，而其他条件基本相同，那么这些相似产品或同质产品的转化率通常会高于自家产品。而且自家店铺的访客如果看到了别家店铺的同款低价商品，有一部分人可能会因为价格的原因在别家店铺成交，这时自家商品转化率会受到很大的影响。因此，商家要时刻关注自己的竞争条件，关注竞争对手的定价，不要让转化率受到外部竞争对手的定价带来的不良影响。

3.3.3 视觉

目前，淘宝越来越趋向于细分化，无法像之前通过大量的铺货就能获得不错的成交。现在的淘宝重视千人千面，强调差异化。因此，现在的很多商家都有自己的风格，很多小而美的店铺开始兴起。想要做一个与众不同和转化比较好的店铺，就一定要把产品的视觉这块做好。产品的视觉包括店铺首页、产品的主图和详情页等，页面很大程度上决定着产品的转化率。从电商产品的销售情况来看，页面是买家的必经之地。在买家的消费过程中，从了解到熟悉，从熟悉到喜欢，从喜欢到想拥有，都离不开页面。因此，做一个好的页面，是整个运营团队的工作重心。

1. 店铺风格

每个店铺在开设之初都需要定制自己的人群目标。在人群目标设定好后做出自己的店铺风格，然后整个店铺的装修要围绕自己的店铺人群和风格来做，这样才能更好地吸引有相同兴趣爱好的买家对店铺进行关注，从而慢慢拥有自己的店铺粉丝。一般店铺的老客户比新客户的转化率要高。总之，较高的老客户占有率和鲜明的店铺风格等都可以提高转化率。

2. 产品主图和详情页

从买家看到产品页面到成交，卖家需要解决五大问题，如图3-24所示。这五大问题是商家在电商销售过程中要通过页面来解决的。那么，是不是这些问题只要在页面里罗列出来就可以了呢？当然不是。商家需要设计并制作一个好的页面。

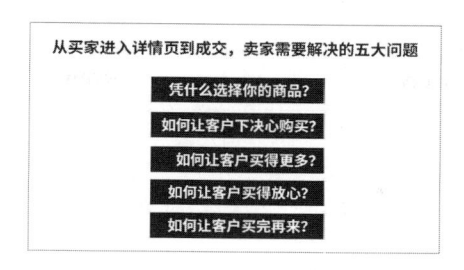

图 3-24 卖家需要解决的五大问题

什么是一个好的页面？这是许多电商人一直在研究的问题。笔者从事淘宝电商多年，一直在研究如何做出能让买家更好地了解、喜欢、想拥有产品的页面。笔者认为一个好的页面要有两大要素：产品页面里要有买家想看的内容；产品页面里要有卖家想说的内容。

其中，买家想看的内容如下：这是什么东西（产品介绍），有什么特别的（产品功能），怎么使用（用法、步骤、使用说明），产品好用吗（产品卖点），产品是正品吗（售后保障），适合我吗（产品参数、人群界定），别人购买过吗（购买记录），使用后的评价如何（买家好评），以及售后服务如何（售后保障）。

卖家想告诉买家的内容如下：我的东西独一无二（卖家陈述），我的东西比别人的好（产品优点对比），我的东西你一定要买（性价比、唯一性），赶紧购买（紧迫感），多买几件（提升客单价），再买些其他产品（关联营销），以后再来购买（提升复购率）。

以上内容在产品视觉页面里都会有所展现。当然，根据产品的特点及产品的生命周期，这些内容可以陆续完善。由上可知，买家想看的内容更多的是理性的诉求，卖家想告诉买家的更多的是感性的诉求。在页面的呈现过程中，理性诉求和感性诉求要交叉展现。因为理性诉求起到的是传达卖点、产生认同的作用，而感性诉求起到的是吸引眼球、引起注意的作用。

通过视觉团队的页面制作，产品的详情页就可以在电商平台上向买家展现了。接下来就是通过数据分析的手段对页面进行优化，页面优化分为三个步骤：①采集数据；②分析数据；③出具方案。

3. 采集数据

一般人们使用淘宝官方的数据工具"生意参谋"来做数据采集的工作。对于页面这块内容，需要用到以下几个核心指标：①人均浏览量；②跳失率；③人均停留时长；④支付转化率；⑤店铺收藏人数；⑥客单价。页面优化基本数据指标如图 3-25 所示。

统计日期	人均浏览量（次）	跳失率	人均停留时间（秒）	支付转化率	店铺收藏人数（个）	客单价（元）
2018年12月7日	3.95	68.60%	17.70	3.86%	7	63.92
2018年12月8日	3.15	69.39%	13.4	2.57%	3	68.96
2018年12月9日	4.15	69.39%	14.4	2.57%	4	69.96

图 3-25　页面优化基本数据指标

4. 分析数据

分析数据的采集周期一般为 7 天或 30 天。页面制作好以后上传到淘宝后台，经过买家的实际浏览或购买就会有数据产生。如果数据采集周期太短，则会受到上下架时间的影响，在分析时会造成误差。

（1）人均浏览量，即访问深度。访问深度反映了买家进入店铺后浏览产品的情况。访问深度和线下实体店一样，客户进店之后有没有看更多的产品，或多或少能说明这家店铺的产品是否吸引客户。在线上店铺里，访问深度一方面决定着浏览量，另一方面也决定着转化率。

（2）跳失率。跳失率显示了买家通过相应的入口进入，只访问了一个页面就离开的访问次数占该入口总访问次数的比例。跳失率是衡量被访问页面的一个重要因素。此前用户已经通过某种方式对页面形成事实上的访问，跳失的原因无非是因为用户感觉搜索点击到的页面与预期不符，进而感觉页面内容、服务，甚至整体认知与之前的预期不符。

（3）人均停留时长。访客在产品页面上花费的时间越多意味着产品黏性越高，产品页面为访客提供的内容和服务越有价值，转化访客价值的机会也就越多。

（4）下单转化率。下单转化率是指买家通过页面浏览或通过页面浏览并通过阿里旺旺和客服交流后购买的比率。如果页面优化得好，则说明页面呈现的内容更容易被买家接受，并且转化率也会随之提高。

（5）服务态度动态评分（DSR）。服务态度动态评分是一个综合得分。其中有项评分就是产品描述相符得分，即买家收货后对收到的产品和浏览产品页面时看到的产品进行比较，它在一定程度上反映了页面优化的效果。

（6）店铺收藏人数。买家从浏览到购买会有一定的犹豫期。当买家对产品的信心不足或者可买可不买时，就会收藏这家店铺，以便与其他产品比较或者说服自己以后再来购买。

收藏人数也反映了页面优化的效果。

（7）客单价。店铺的销售额是由客单价和流量决定的。因此，要提升产品的销售额，除尽可能多地吸引进店客流和增加买家交易次数外，提高客单价也是非常重要的途径。

在电商的日常经营中，影响流量、交易次数和客单价的因素有很多，如店招、色彩和整体布局、产品丰满度、补货能力、活动视觉设计、客服服务态度等。

5. 出具方案

根据以上七点基本数据的分析，出具相应的页面优化方案，此方案应由运营人员和设计美工人员共同完成。

页面优化的方案包括产品主图方案、详情页方案、首页方案、广告图方案等。

3.3.4 产品利益点

产品利益也是产品卖点，是提升产品转化率的核心之一，商家在销售产品时不仅要把产品的自身特点描述出来，更需要把产品的核心卖点挖掘出来，让买家对产品有更好的了解。买家购物思维逻辑图如图3-26所示。

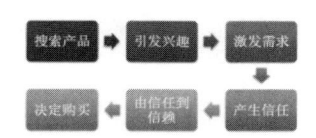

图 3-26 买家购物思维逻辑图

根据买家购物的思维逻辑，在销售产品前提炼核心卖点，主要包括以下几个方面。

（1）产品焦点描述。产品焦点图主要起到引发买家兴趣的作用，体现品牌价值、产品最突出功能、价格、服务等内容。

（2）产品场景图。产品场景图主要起到激发买家需求的作用。通过产品场景展示，买家对产品有更进一步的了解，可以判断产品是否符合自身的实际需求。

（3）产品详情及与同类产品的对比。产品详情的描述应突出产品的创新特点或独有特点，解决买家的痛点，使买家对产品产生信任；与同类竞争产品的对比，应突显自身产品的优势，以更好地起到转化作用。

（4）产品服务及评价。产品服务包括物流公司的选择、产品售后服务的完整性，以及当有销售记录时买家购买后给予的评价内容。这些服务和评价内容都会使买家对产品产生更强烈的信赖感，从而起到提高转化率的作用。

（5）发出购买号召。通过促销图片、文字的形式，向买家发出购买号召，促使买家尽快购买，以促成交易。

（6）促销活动。例如，限时折扣、限时第二件半价，以及买赠等其他让利活动。

总之，产品卖点的提炼主要就是更好地表达产品的功能，让买家明白自家产品和其他竞争对手相比有哪些优势，更清楚地表达出在同样的产品中自家价格、赠品等更划算，且在不一样的产品中自家在质量和性价比上更占优势，以及品牌质检背书等让买家更加放心。产品卖点图展示如图3-27所示。

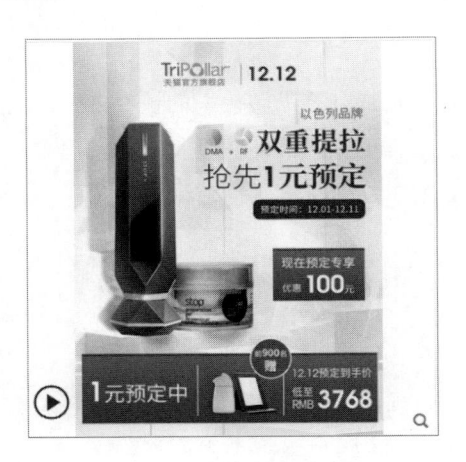

图 3-27　产品卖点图展示

3.3.5　关键词

关键词是影响商品转化率的关键因素。其中影响商品转化的主要因素是关键词的行业转化率、关键词的相关性和关键词的竞争环境三个方面。

1. 关键词的行业转化率

在做搜索流量的时候，或者做标题选择关键词的时候需要查看关键词的行业转化率。如果行业转化率过低，即使这个词能带来流量也无法转化，对商品来说这样的流量不仅没有用，而且会拉低整个商品的转化率，不利于商品的整体发展。因此，人们在做标题、搜索或者直通车的时候一定要选择好关键词，查看关键词的行业转化率，不要做过多的无用功，或者走倒退的路。关键词的行业转化率查看如图3-28所示。

搜索词	热搜排名	搜索人气	点击人气	点击率	支付转化率	操作
牛肉干	1	34,400	25,357	107.92%	12.25%	搜索分析 人群分析
牛肉	2	18,234	10,357	86.80%	7.36%	搜索分析 人群分析
牛肉干内蒙古风干	3	14,128	10,922	112.87%	13.37%	搜索分析 人群分析
零食铺	4	13,021	7,795	106.07%	5.99%	搜索分析 人群分析
风干牛肉干	5	10,329	8,524	130.60%	13.65%	搜索分析 人群分析
牛板筋	6	10,188	7,347	105.37%	12.56%	搜索分析 人群分析

图3-28 关键词的行业转化率查看（方框框选的是转化比较好的关键词）

2. 关键词的相关性

关键词的相关性是指关键词和商品、店铺之间的相关性。每个关键词基本都有相应的描述意义和产品属性。例如，商品是修身连衣裙，标题中含有"大码连衣裙"这个关键词，由于此商品有一定的权重基础，通过"大码连衣裙"这个关键词也能搜到此商品，但是"大码连衣裙"这个关键词相对于此商品来说，描述并不精准，也不相符，这时此商品转化率就不会很高。如果商品是修身连衣裙，"连衣裙"这个词对商品来说相关性已经很高了，但是还是不够准确。"连衣裙"这个词和"修身连衣裙"这个词相比，通常是"修身连衣裙"的相关性较高，因为"修身连衣裙"更加精准，且商品呈现也是围绕修身做的，所以"修身连衣裙"描述更到位，相关性更强。总而言之，关键词和商品之间是有相关性的匹配度的。同样的市场条件下，选择相关性高的关键词描述商品，更容易带来转化，提高转化率。

3. 关键词的竞争环境

人们在选择关键词时要注意的是每个关键词都有它相应的竞争环境，这个需要商家仔细地筛选，尽量排除那些竞争实力过强的对手。毕竟一种产品在市场上会遇到的竞争对手都是不可控的，有很多客观性的因素，包括品牌因素、价格、视觉、粉丝量等。在这些客观的条件面前人们需要最大化地规避竞争劣势。因此，在选择关键词的时候需要深度了解每个词的竞争环境。了解关键词竞争环境的方法如下。

（1）亲自搜索一下选择好的关键词，通过这个关键词搜出来的商品就是此商品选择这个关键词所要面临的竞争环境。搜索词竞争环境如图 3-29 所示。

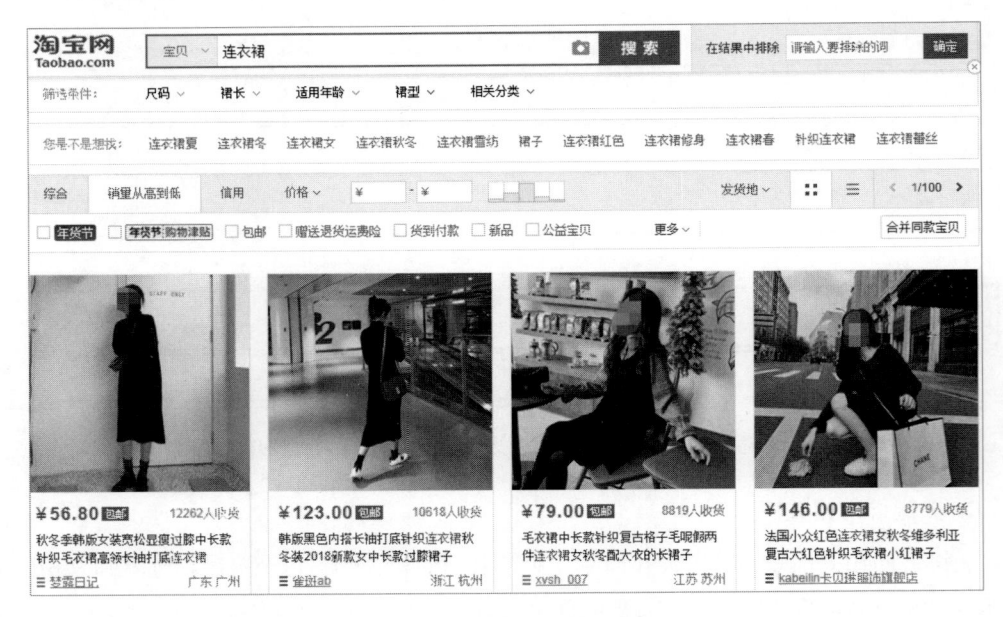

图 3-29　搜索词竞争环境

（2）在直通车/工具/流量解析里面进行关键词查询。在"线上推广排名"中，能找到相关关键词的 100 个竞争对手的排名，可以查看每一个竞争对手的价格、主图、品牌等，从而了解自身商品推广的竞争环境。推广关键词竞争环境如图 3-30 所示。

图 3-30　推广词关键词竞争环境

3.3.6　客户精准度

每一个店铺都有自己长期经营下的固有人群特征。包括商品也有自己的固定使用人群标签，一旦这些人群发生变化，客户人群和店铺的人群与商品的目标人群将发生变动，从而整个商品包括店铺的转化率就会受到影响。通常客户人群变动，商品转化率会变低。而大促、天天特价等活动的大量降价导致活动人群和推广发生变化。店铺的后台人群分析如图 3-31 所示。

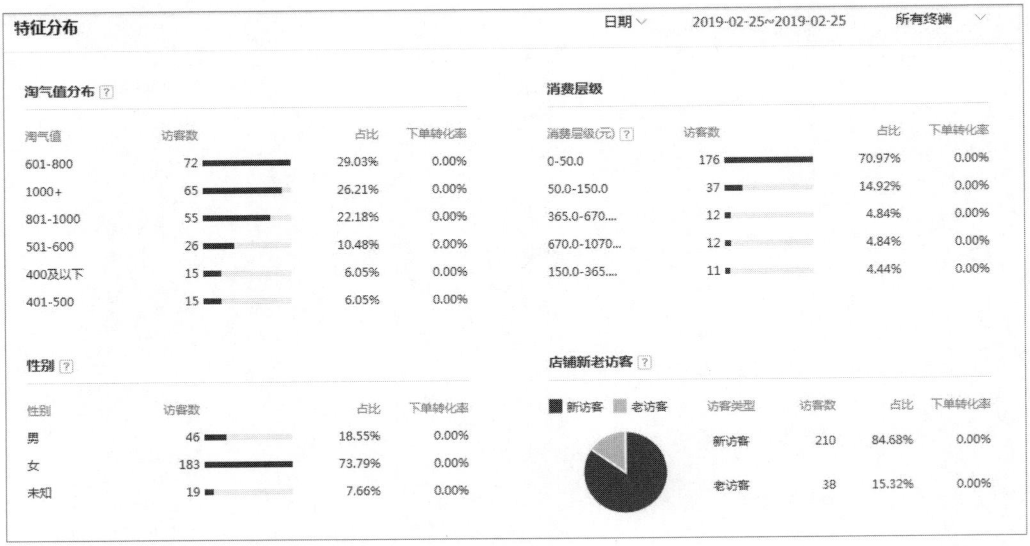

图 3-31　店铺的后台人群分析

3.3.7 客服话术

一个好的客服，询单转化率是普通客服的好几倍。客服是买家除商品页面外，了解商品信息的另一直接渠道。因此，客服一定要清楚商品的每个特性，并专业性地回答问题。另外，客服需要对商品和店铺的各种活动了如指掌，更多地引导消费者去购买店铺的商品，最大化地促成成交，提升整个转化率。

3.3.8 评价优化

商品的评价是买家参考的一个重要维度。如果商品的评价不好，在很大程度上会影响转化率。有一些不好的评价是买家与卖家之间沟通不当，或者页面描述不清，导致信息不对等从而造成的。当出现不好的评价时，特别是中差评时，商家要站在客户的角度去考虑问题，与客服一起商议和客户进行良好的沟通，消除误会。另外，商家也可以在自己的店铺活动中去有奖收集优秀的买家秀，鼓励客户呈现商品美的一面，如图 3-32 所示。但是当出现了不好的评价时商家也需要对该评价进行解释，这反映出一个店铺对待问题的态度，这些都是影响转化率的重要方面。

图 3-32　商家做的有奖征集买家秀页面

3.4　客单价

客单价是影响整个销售额的重要环节，在整个电商运营的黄金公式（销售额=UV×转化率×客单价）中，客单价占有重要的位置。

3.4.1　客单价数据获取

1. 当天实时客单价

当天实时客单价平台不提供直接数据，需要卖家换算。生意参谋（https://sycm.taobao.com）首页看板如图 3-33 所示。该卖家于 12 月 11 日截至 15:20 计算当天的客单价：根据当前支付金额 5 630 元除以买家数 28 人，得出客单价为 201 元。

图 3-33　生意参谋首页看板

2. 历史客单价

历史客单价主要包括前一天客单价、周客单价、月客单价等，卖家一般较多参考的是前一天客单价。具体可以在生意参谋首页的"交易分析"中直接获取数据。在此不但可以看到总的客单价、无线端的客单价，还可以看到客单价同比与环比的变化情况，以及最近 30 天日均客单价的波浪曲线图。生意参谋的交易概况如图 3-34 所示。

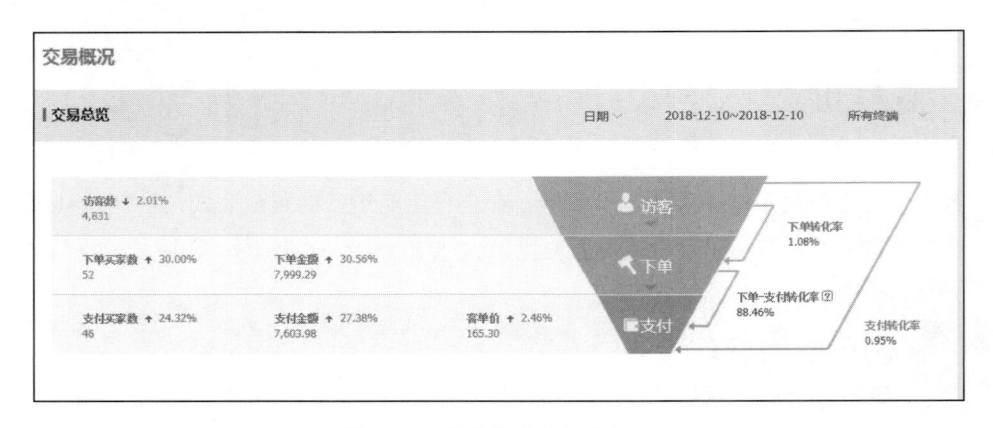

图 3-34　生意参谋的交易概况

3.4.2　客单价影响维度

影响客单价的维度很多，但主要包括关联销售、优惠券的应用、客件数的多少、客服的服务等。下面会重点针对这 4 个维度进行剖析。

1. 增强关联销售提升客单价

1）电脑端关联销售的展示

电脑端关联销售的展示主要有搭配套餐与详情页植入关联模块两种方法。

（1）搭配套餐分为固定搭配与自由搭配两种形式。固定搭配都是卖家直接搭配好的，消费者不能自由选择，如上衣搭配裤子，如图3-35所示；自由搭配顾名思义即可以自由选择，消费者直接选择加入购物车就可以下单，如图3-36所示。

图3-35　搭配套餐之固定搭配

图3-36　搭配套餐之自由搭配

（2）详情页植入关联模块也是很多卖家常用的方法，一般放在详情页的第一屏，如图3-37所示。

图 3-37　详情页关联模块

2）手机端关联销售的展示

手机端搭配套餐位于手机端宝贝详情页的顶部，如图 3-38 所示，点击进入后可以直接选择产品加入购物车。

手机端详情页也可以植入关联模块，如图 3-39 所示。该宝贝是芒果干详情页，下面是 6 个产品的关联，比 PC 端少了 2 个产品关联，点击相关的图片就可以直接跳转到相应的产品页面。

图 3-38　手机端搭配套餐　　　　图 3-39　手机端关联模块

2. 应用优惠券提升客单价

随着网购人群的不断成熟，单纯的廉价已无法吸引消费者，如"9块9包邮"等促销手段效果大不如前。

前文已经讲过优惠券的设置，在提升客单价方面，优惠券的效果非常明显。如图 3-40 所示，"25 元优惠券满 199 元使用"可以将一部分人的客单价拉升到 199 元，"40 元优惠券满 249 元使用"可以将一部分人的客单价拉升到 249 元。只要优惠券的使用条件设置合理，一般会有许多人使用。例如，某个店满 39 元包邮，通过优惠券这种方式店铺客单价可保持为 70 元左右，而同类产品的店铺只能做到客单价为 40 元。

像上面这种不同面额优惠券一起展示、应用的情况一般包括以客户凑单、提高客单价，以及凑单免邮费用。还有一种优惠券是官方跨店满减优惠券，如图 3-41 所示，由商家报名，官方自动生成的优惠券。这种优惠券一般是在大促前期透出、大促才能使用的优惠券，目的是营造大促氛围和提高大促成交。

图 3-40　优惠券

图 3-41　官方优惠券

3. 增加客件数提升客单价

常见的增加客件数提升客单价的方法有如下几种。

1）第×件半价

例如，第二件半价，如图 3-42 所示，一批产品做第二件半价活动。

图 3-42　第二件半价活动

选择其中的"200g 精致猪肉脯"，进入详情页。如图 3-43 所示，宝贝首图、标题、活动名称都在展示"第二件半价"，刺激消费者下单。

图 3-43　第二件半价宝贝

查看淘宝后台，看到近 30 天的单品，对比一下产品的支付件数和支付买家数相差多少，如图 3-44 所示。用支付件数/买家数的值，去计算这款商品的销售连带率，如果商品的销售连带率很高的话就很适合做单品叠加优惠。

商品名称	当前状态	所有终端的商品访客数	所有终端的支付金额	所有终端的加购件数	所有终端的支付件数	所有终端的支付买家数	操作
发布时间：2018-10-10	当前在线	3,421	2,625.93	655	136	79	商品温度计 单品分析
发布时间：2018-05-22	当前在线	2,996	66.52	121	5	5	商品温度计 单品分析
发布时间：2018-11-21	当前在线	2,295	1,378.89	635	161	38	商品温度计 单品分析

图 3-44　支付件数和支付买家数后台展示

参与第二件半价活动的其他产品呈现同样的特征，效果特别明显，都是两份以上的购买。

2）买×斤送×斤

其方法有很多，如买 n 送 m、买 $2n$ 送其他赠品等。如图 3-45 所示，买 5 斤送 5 斤。

图 3-45　买 5 斤送 5 斤

3）满×元减×元

满×元减×元可以选择递增方式，对件数的拉升特别明显。如图 3-46 所示，满 199 元减 100 元，以此类推，上不封顶。

图 3-46　满 199 元减 100 元

4. 做好客户服务提升客单价

客服需要了解店铺产品、活动、促销，灵活掌握上述提升客单价的方法在店铺中的应用，做好相应的推荐。例如，购买上衣推荐搭配裤子、新品上线推荐新品、购物金额不满足优惠券使用条件时提醒消费者等都能有效提升客单价。关于客户服务，推荐大家阅读本系列丛书之《网店客服》。

3.5　店铺老客运营

3.5.1　老客运营的价值和意义

在中国互联网流量遭遇瓶颈期的行业大环境下，淘宝平台已经采用了力度极大的手段对产品进行改造，主要体现在内容化和千人千面上。在此基础上，平台的新客人均获客成本已经达到了 300 元以上。而对于广大中小卖家来说，是很难支撑得起持续性的新会员获取成本的，因此对于大家而言，如何尽可能好地维护老客，并将老客转化为店铺忠实客户，让老客持续为店铺创造价值就显得格外重要。

营销学中有一个著名的"二八定律"，即 20%的客户创造 80%的价值。阿里巴巴品牌数据银行对用户的划分维度包括认知、兴趣、购买、忠诚四个层次，如图 3-47 所示。

获取新客的成本是维系现有客户成本的 5～8 倍，而 20%老顾客却能创造 80%的营收。因此，在获客平台爆炸时期开始降温阶段，留住老客依然成为商家运营的新议题。

第 3 章 店铺运营 | 139

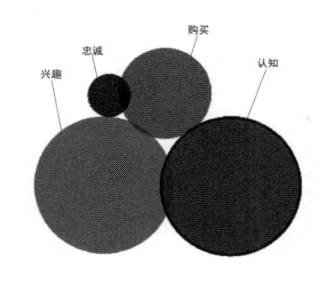

图 3-47 不同人群圈层

获得老客既可以提升店铺回头率，也可以提升店铺 DSR。并且由于老客已经在店铺里进行过消费，因此对店铺的产品比较了解，对产品品质也相对有信心。只要店铺产品过关，对老客关怀到位，那么让一个老客的回购所要付出的成本是比获得一个新客的成本要低许多的。有些商家朋友进行过测试，平均让一个老客复购所要付出的成本差不多只是拉取新客的 20%。

3.5.2 淘宝老客运营工具

淘宝老客户官方经营工具：客户运营平台，如图 3-48 所示。

官方提供的客户运营平台工具，较完善地提供了老客运营的一站式解决方案。

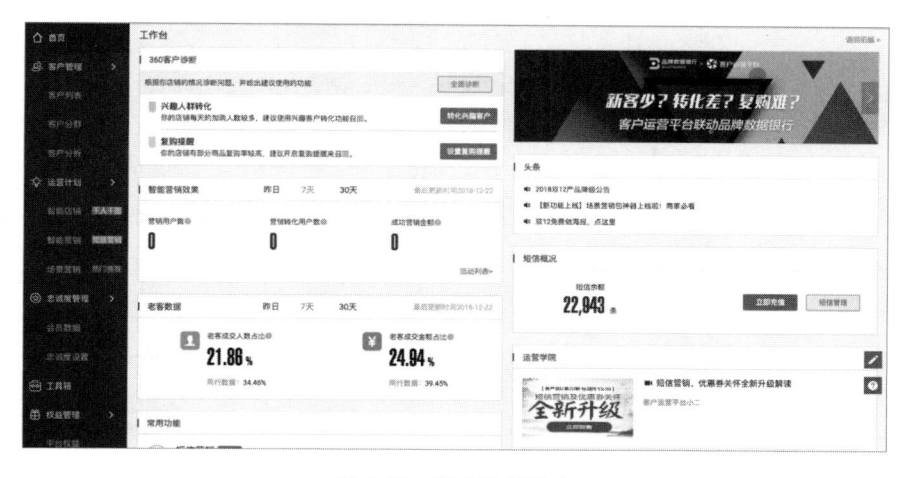

图 3-48 客户运营平台

以下为平台对店铺客户运营工具的搭建逻辑。

整体上，客户运营平台分别为"客户管理""运营计划""忠诚度管理""工具箱""权益管理""素材管理""客户运营学院"，如图3-49所示。

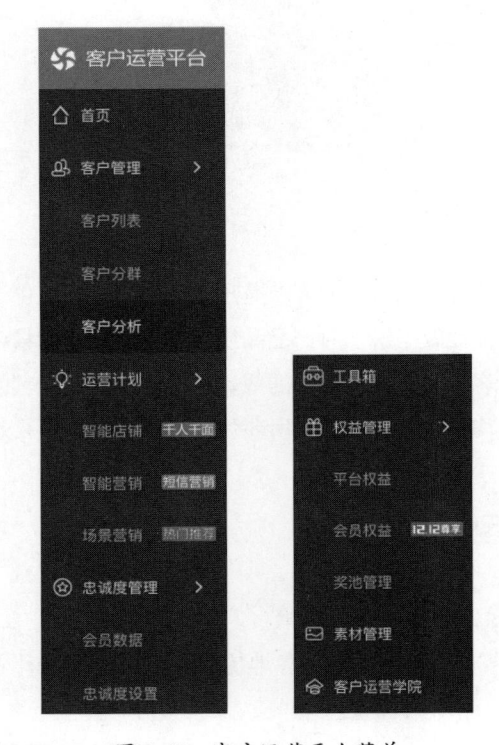

图3-49　客户运营平台菜单

首先，以上罗列的客户运营平台几大板块，能够基本上满足初级用户的几乎所有老客运营需求。

其次，"客户分群"功能可以根据商家想提取的人群分类，出具定向运营计划。可以筛选自定义人群、系统推荐人群，除做定向优惠外还可以做定向海报和个性化首页，这充分迎合了平台千人千面的发展趋势。这样能更好地提高支付转化率，大大节省了买家的购物时间，也提高了购物体验。人群标签创建和人群分类纬度如图3-50和图3-51所示。

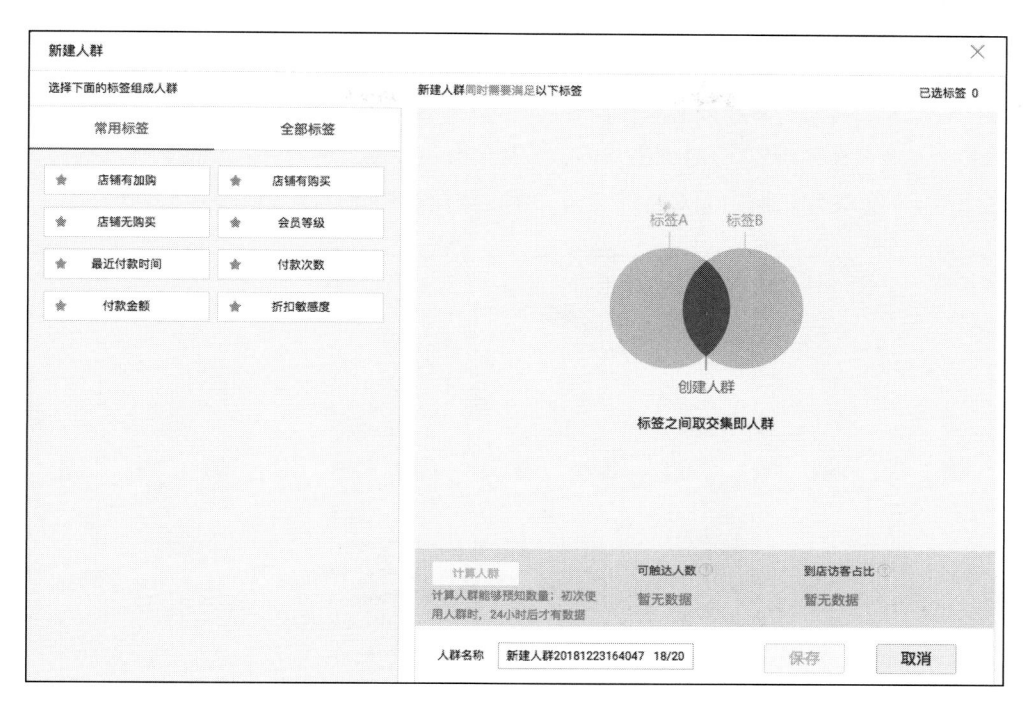

图 3-50 人群标签创建

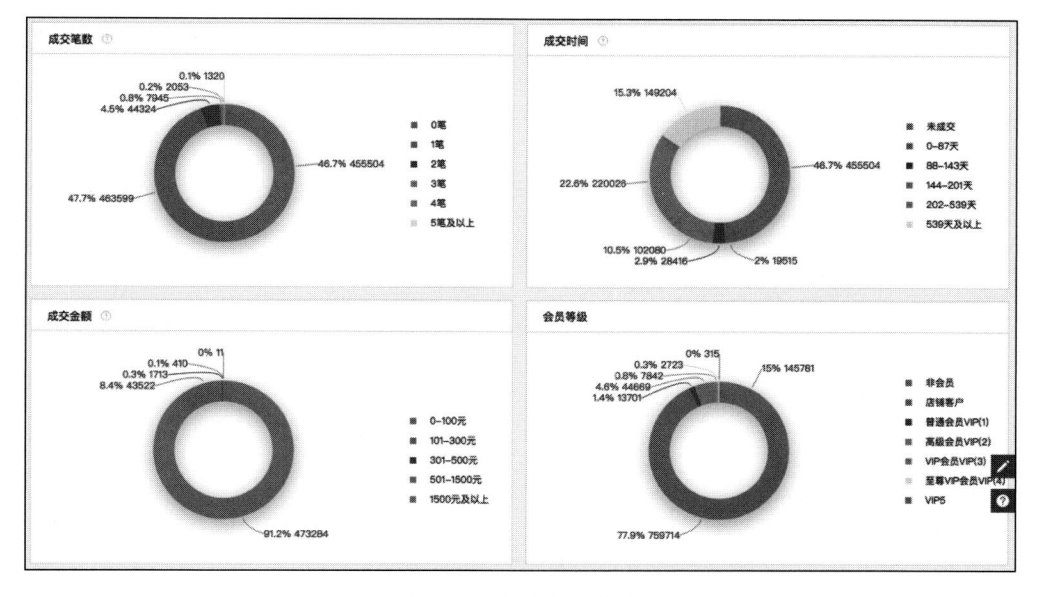

图 3-51 人群分类纬度

再次,通过"客户分析"的"客户运营指数"可以看出店铺的运营指数及运营指数的排名,可以去运营得相对较好的店铺内学习一下,借鉴对手,取长补短,如图3-52所示。而通过"人群指标分析",可以看出访客、粉丝、会员、成交客户,以及他们在店铺内的表现,针对他们的变现,制定相对应的运营方案,如图3-53和图3-54所示。

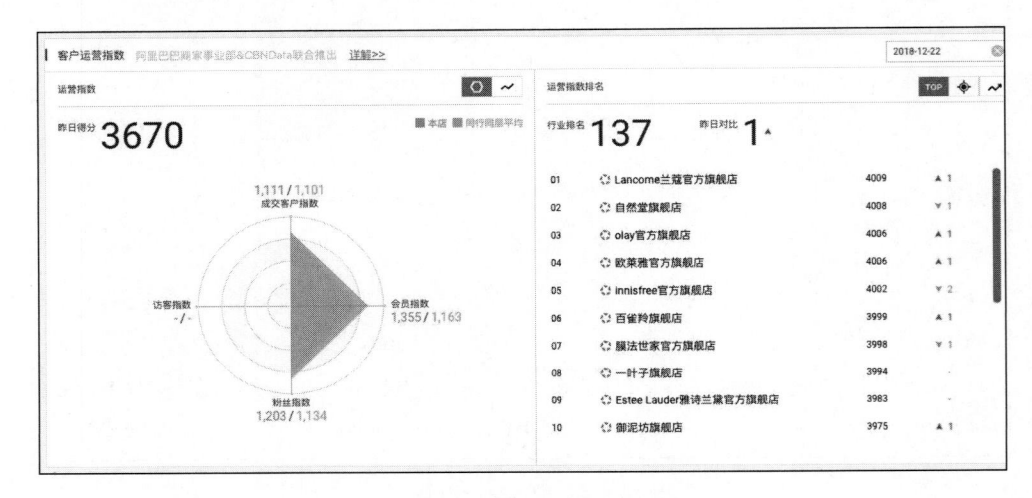

图3-52 客户运营指数

图3-53 用户分布

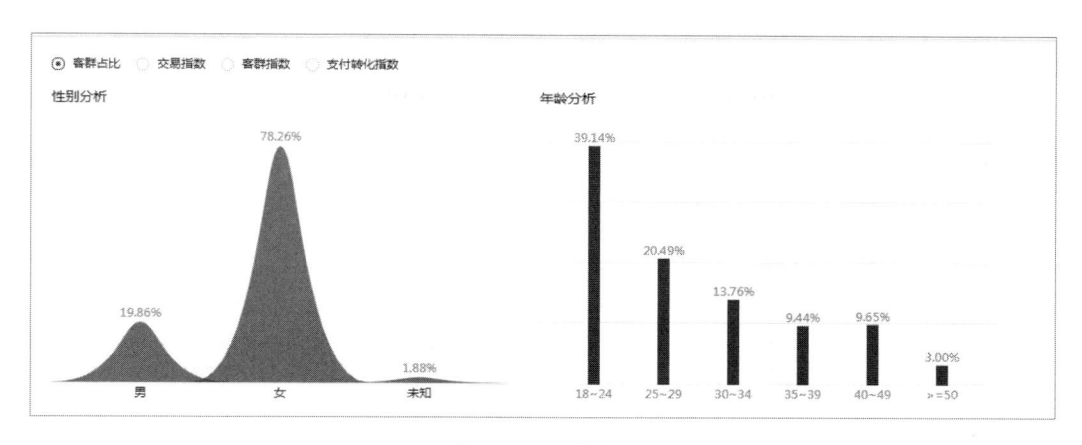

图 3-54 人群偏好

通过以上维度的分析，相信商家可以清楚地知道自己的老客户都具有什么特性了，那么接下来商家怎么触达他们并提升自己的销售水平呢？

商家可以利用智能营销板块，如图 3-55 所示，通过上新提醒、短信营销、优惠券关怀、购物车营销等方式对老客进行主动营销，以达到用户触达和促进老客成交的目的。

图 3-55 智能营销

另外，还可以通过场景营销，以店铺红包、优惠券等方式进行主动营销，如图 3-56 和图 3-57 所示。

图 3-56　场景营销

图 3-57　渠道触达

最后，要合理完善并利用好客户运营中心，作为商家一定要及时了解平台动态，跟进线上平台出台的新功能，持续关注"客户运营学院"，如图 3-58 所示。

图 3-58　客户运营学院

3.6　本章要点

（1）了解淘宝店铺流量的结构和来源。

（2）陈述影响淘宝店铺转化率的几个主要方面。

（3）熟悉影响淘宝店铺客单价的具体内容及提高客单价的方法。

（4）系统了解老客户管理和老客户营销。

3.7　本章习题

（1）分析自己的淘宝店铺在流量、转化率、客单价上存在的问题。

（2）尝试对自己的淘宝店铺进行分析，在流量、转化率、客单价三个维度中选择一个维度进行深入分析并给出优化方案。

（3）模拟梳理出"双11"前针对老客的运营方案。

（4）通过无线运营中心对无线端宝贝主图、详情页、店铺首页进行有针对性的装修和调整。

第4章 电商财务与团队

4.1 支付宝与店铺的共生

4.1.1 什么是支付宝

支付宝是中国领先的互联网支付平台之一,它的核心使命是为中国电子商务提供柔性、协同、安全、快捷的互联网数字支付解决方案,是线上电子商务交易平台的媒介。

因为支付宝的诞生,用户可以更放心地在网上进行购物。

支付宝类似于交易的中间人,经过多年的衍化,其交易规则变得更加公正、公平、公开。买家在淘宝网选中商品以后,通过手机银行或者网上银行将钱汇入商家的支付宝,但是在交易没结束以前,这部分货款在商家账户里是被冻结的,商家不能对这部分款项进行转账或提现等操作。随后,淘宝网通过其站内可视化订单让商家知晓买家已经购买了店铺里的商品,商家根据订单信息进行发货,买家确认收货后,支付宝才会解冻相应的款项。支付宝在网购交易的过程中扮演着协同交易的中间人角色,为买卖双方提供了一个诚信、可靠的交易环境。

支付宝在互联网支付领域安全可靠的形象,领先且不断突破的技术,对电子商务行业精准的判断能力,敢于承担社会责任的企业文化,为其赢得了合作伙伴与用户的广泛认可。用户可以放心地在网络上进行购物。因此,支付宝开始吸引越来越多的互联网从业者主动选择支付宝的产品和服务。

截至目前,使用支付宝的商家不仅限于淘宝网等电子商务网购平台,越来越多的传统实体行业的商家也因为支付宝安全、便捷等原因开始使用支付宝的服务。同时,支付宝与商家之间的关系也开始变得越来越互惠互利,商家在享受支付宝服务的同时,也拓展了一个更加具有潜力的市场,而支付宝因为服务范围的扩大变得更贴合消费者的心理。支付宝注册页面如图4-1所示。

图 4-1　支付宝注册页面

4.1.2　支付宝成为店铺交易的桥梁

支付宝作为独立的第三方交易平台，商家或用户在使用其产品和服务进行交易之前，需要先绑定银行卡。使用支付宝绑定银行卡的具体步骤如下。

1．用户如何在支付宝电脑端绑定银行卡

第一步，在电脑的浏览器中打开支付宝网页，并登录自己的账号。登录账号有两种方法：扫码登录或者账号密码登录，如图 4-2 所示。

图 4-2　支付宝登录界面

第二步，登录后，在其主页面左侧单击"账户管理"按钮，如图4-3所示。

图 4-3　支付宝后台

第三步，进入下一个页面后，单击页面右侧的"银行账户"下面的"管理银行账户"按钮，如图4-4所示。

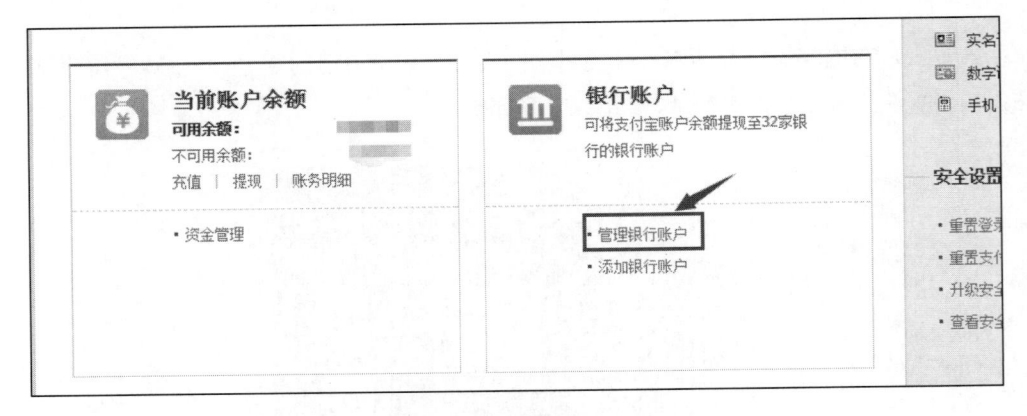

图 4-4　管理银行账户

第四步，单击"添加银行卡"按钮，如图 4-5 所示。

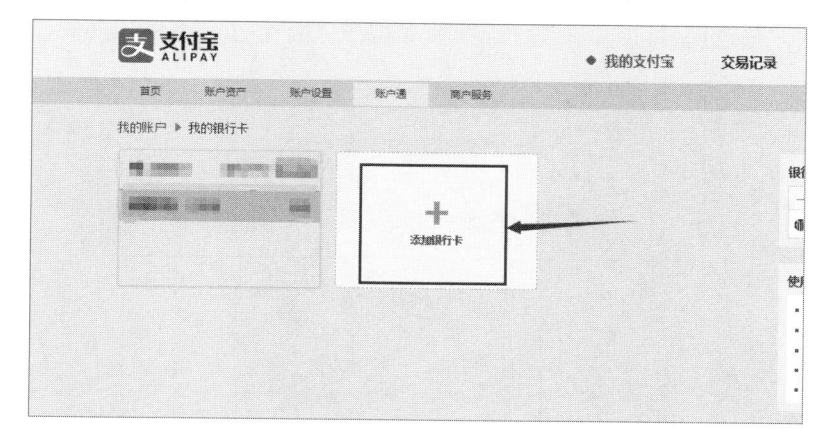

图 4-5　添加银行卡

第五步，输入要绑定的银行卡卡号，以及自己的手机号码，再单击"同意协议并确定"按钮。该协议为《支付宝快捷支付服务协议》，绑定后会自动开通快捷支付方式，如图 4-6 所示。

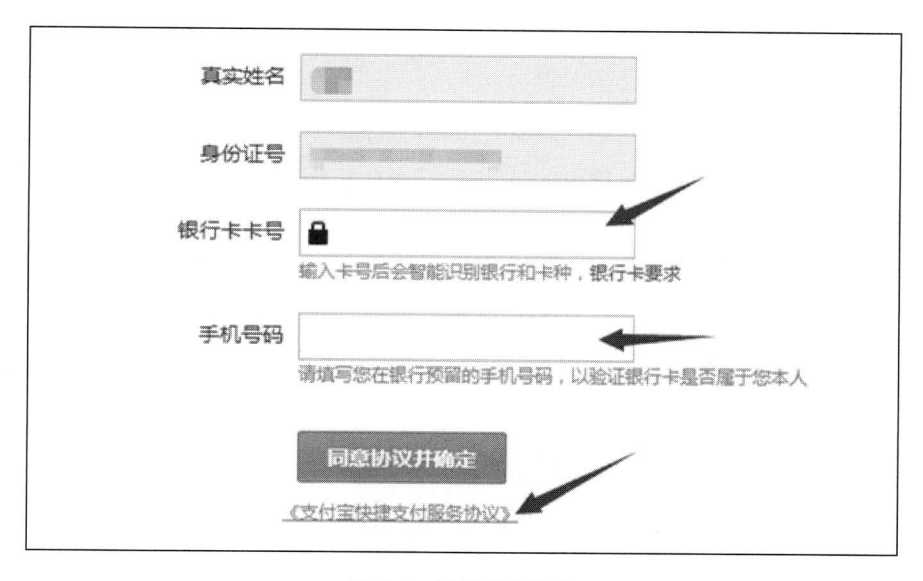

图 4-6　填写卡号信息

第六步，输入验证码，单击"确认"按钮，如图 4-7 所示。

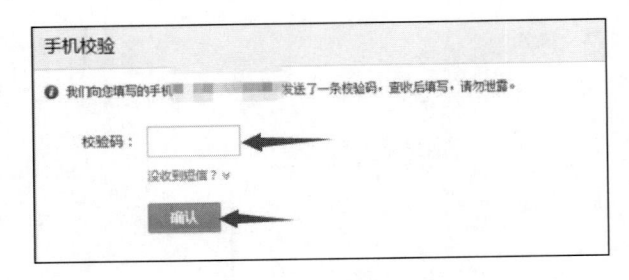

图 4-7　校验验证码

第七步，收到成功提示，银行卡已绑定成功。同时，也开通了其快捷支付方式，如图 4-8 所示。

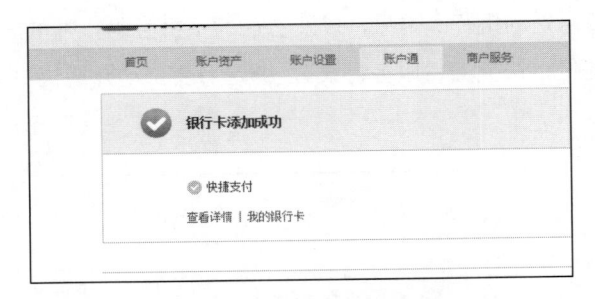

图 4-8　添加银行卡成功提示

2. 用户如何在支付宝手机端绑定银行卡

第一步，打开手机中已经下载的支付宝应用，并登录自己的账号，如图 4-9 所示。

图 4-9　手机支付宝

第二步，登录后，点击支付宝首页右下角的"我的"页面切换按钮，如图 4-10 所示。

图 4-10　支付宝 App 界面

第三步，切换页面后，在头像下方找到并点击进入"银行卡"，如图 4-11 所示。

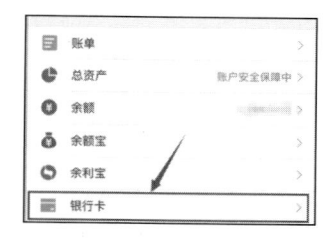

图 4-11　添加银行卡

第四步，进入"银行卡"页面后，点击页面右上角的"+"按钮，如图 4-12 所示。

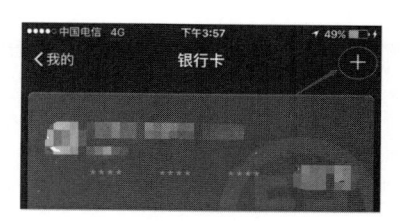

图 4-12　添加银行卡

第五步，跳转页面后，在"卡号"文本框中输入正确的银行账号，如图 4-13 所示。只能绑定支付宝认证用户本人的银行卡。确认输入的信息正确后，点击页面底部的"下一步"按钮。

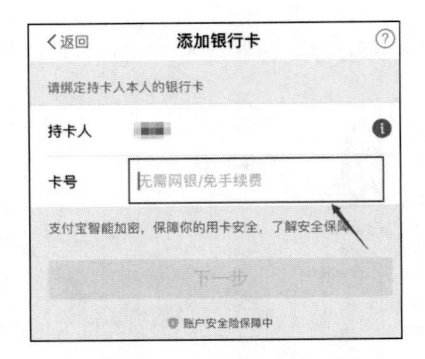

图 4-13 填写银行卡卡号

第六步，在跳转的页面中，查看银行卡信息和服务协议后，点击"同意协议并绑卡"按钮，如图 4-14 所示。

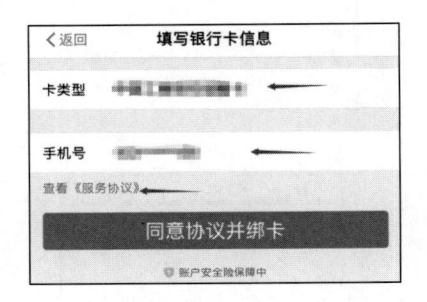

图 4-14 填写银行卡信息

第七步，填写银行卡绑定的手机号，收到并输入校验码后点击"下一步"按钮，绑卡成功，如图 4-15 和图 4-16 所示。

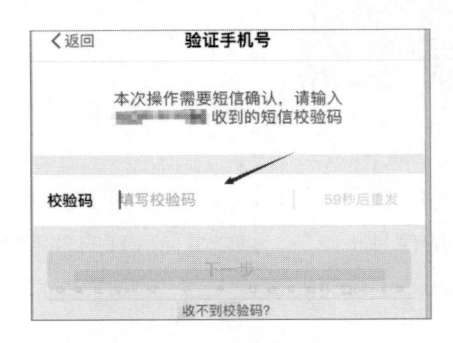

图 4-15 校验验证码

图 4-16 银行卡添加成功

3. 商家如何使用支付宝快速给顾客退款

为了提升顾客的服务满意度，商家可以通过支付宝快速为顾客办理退款，退款将自动转入顾客交易时使用的支付宝账户，具体步骤如下。

第一步，打开支付宝应用界面，点击"转账"图标，如图 4-17 所示。

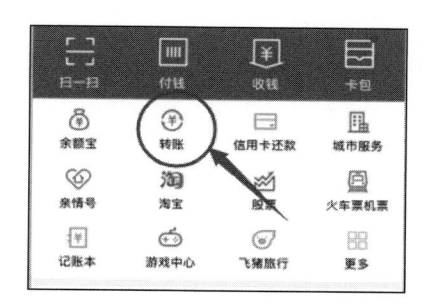

图 4-17 手机支付宝转账

第二步，转入下一个界面后，点击"转到支付宝账户"按钮，如图 4-18 所示。

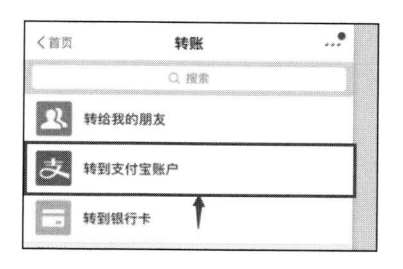

图 4-18 转账至支付宝账户

第三步，输入顾客在交易时使用的支付宝账号，点击"下一步"按钮，如图 4-19 所示。

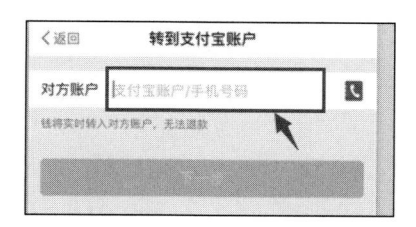

图 4-19 填写对方账户信息

第四步，输入需要给顾客退款的金额，点击"确认转账"按钮，如图4-20所示。

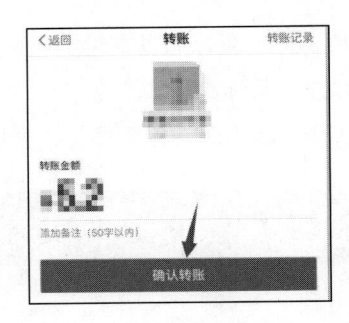

图4-20　确认转账

第五步，确认付款金额、付款方式，如若确认无误，点击"立即付款"按钮，如图4-21所示。

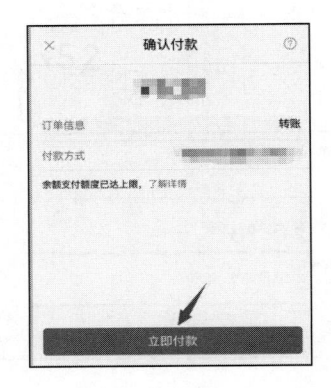

图4-21　立即付款

第六步，输入密码或者指纹确认后，进入"转账成功"页面，如图4-22所示。

图4-22　"转账成功"提示

4. 商家如何提现支付宝余额至银行卡

因为经营的需要,支付宝的用户需要把支付宝账户内的余额提现至支付宝绑定的银行卡,具体操作步骤如下。

第一步,打开网页版支付宝,成功登录主页后,单击"提现"按钮,进入下一个页面,如图 4-23 所示。

图 4-23　支付宝提现

第二步,选择提现的银行卡,输入需要提现的金额,单击"下一步"按钮,如图 4-24 所示。

图 4-24　输入提现金额

第三步，复核银行卡、提现金额、到账时间等信息，输入支付密码，单击"确认提现"按钮，如图 4-25 所示。

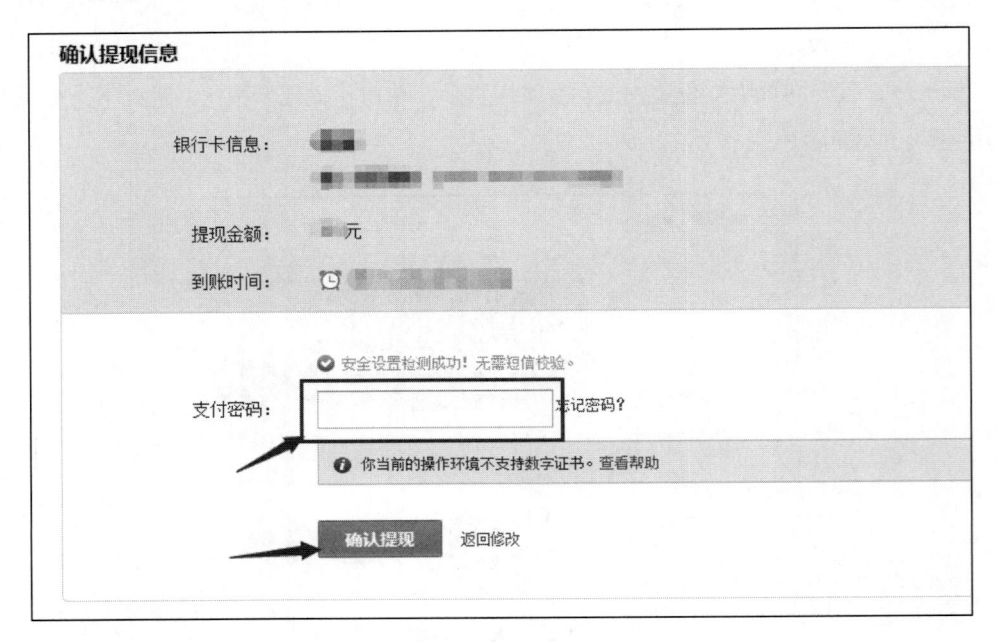

图 4-25　填写支付密码

第四步，出现处理页面，等待支付宝余额转入银行卡内，如图 4-26 所示。

图 4-26　银行处理

4.1.3 商家支付宝融资手段

在互联网上开展商业活动,难免会遇到资金短缺等问题,电子商务平台为了解决商户的资金周转难题,通过支付宝平台为商户解决资金问题提供了合理化的方案。

1. 淘宝、天猫店用支付宝贷款的途径

第一步,进入商户后台界面,单击页面左边交易管理大类下的"提前收款"按钮,如图 4-27 所示。

图 4-27 天猫贷款

第二步，申请提前收款，单击"我要提前收款"按钮，如图4-28所示。

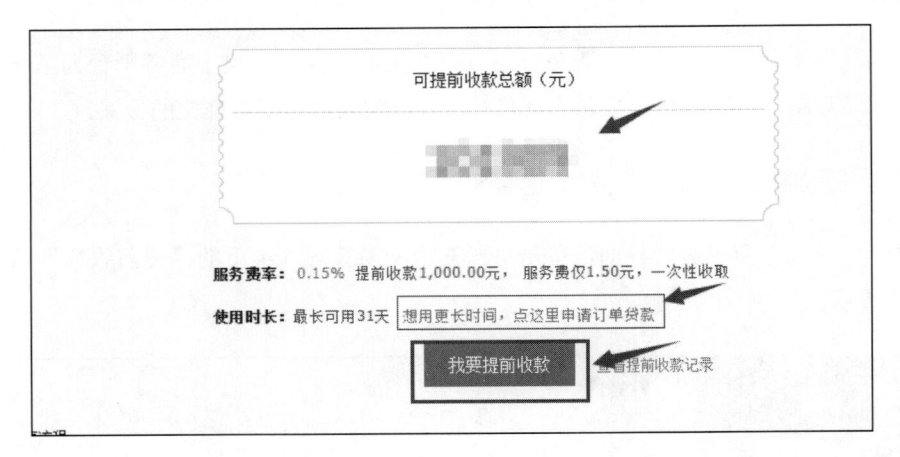

图 4-28 申请提前收款

第三步，确认使用借款，单击"马上去使用"按钮，如图4-29所示。

图 4-29 确认使用借款

第四步，进入下一个页面以后，选择"借款"项目，如图4-30所示。

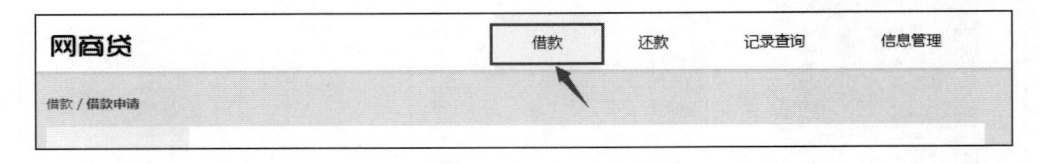

图 4-30 选择"借款"项目

第五步，弹出的页面为商户贷款提供了三个选项，分别是"订单贷款""随借随还（6个月）""等额本金（12个月）"，贷款方式不一样，利息及借款时限也不一样。选择好心仪的贷款方式后，单击"我要借钱"按钮，进入下一个页面，如图4-31所示。

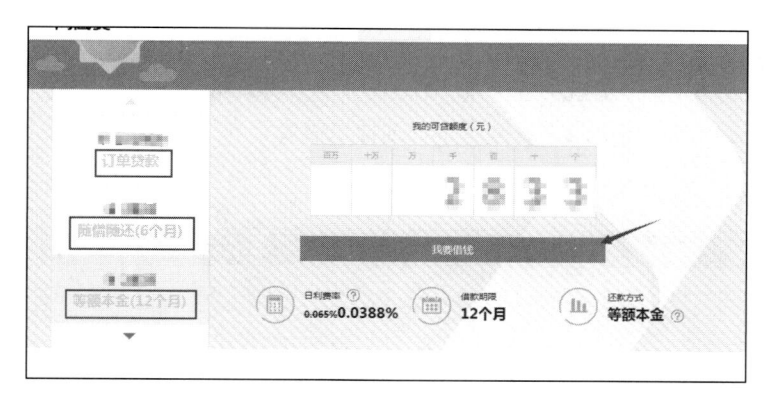

图 4-31 选择融资方式

第六步,输入需要借款的金额,选择贷款的支付宝账户,确认各种信息后,单击"下一步"按钮,商户借款的钱在经过审核后会马上拨付至商户选择的支付宝账户,如图 4-32 所示。

图 4-32 确认账户信息

2. 天猫超市用支付宝贷款的途径

第一步，进入天猫超市的供应链后台，选择"融资管理"下的"我要融资"，如图4-33所示。

图4-33 我要融资

第二步，跳转到融资合同签署页面，在审视完具体合同后，单击"融资申请"按钮，如图4-34所示。

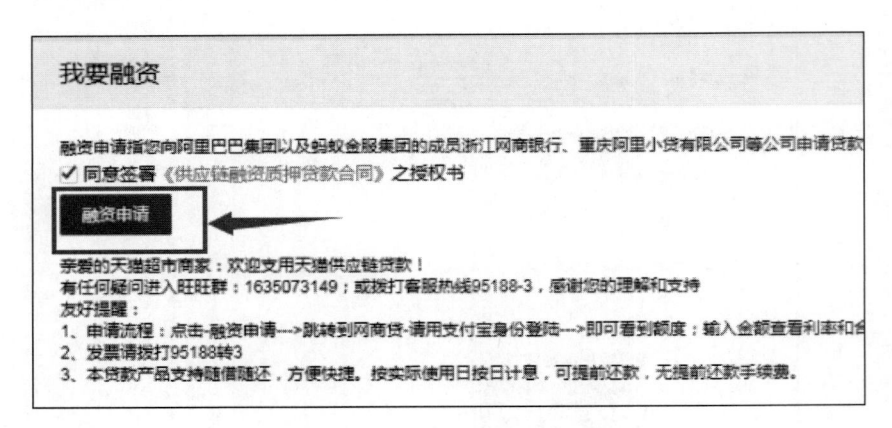

图4-34 融资申请

第三步，进入融资页面以后，单击"我要借钱"按钮，如图 4-35 所示。

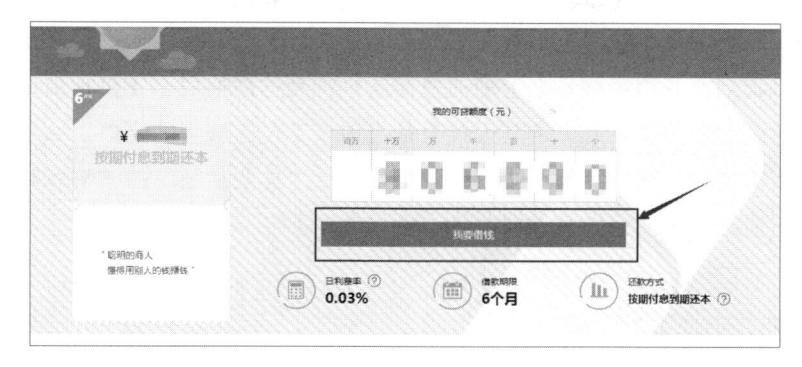

图 4-35　我要借钱

第四步，在弹出的页面中选择要贷款的金额，并且复核其他信息，确认无误后单击"下一步"按钮，商户等待一段时间后，贷款就会成功发送至商户的支付宝账户，如图 4-36 所示。

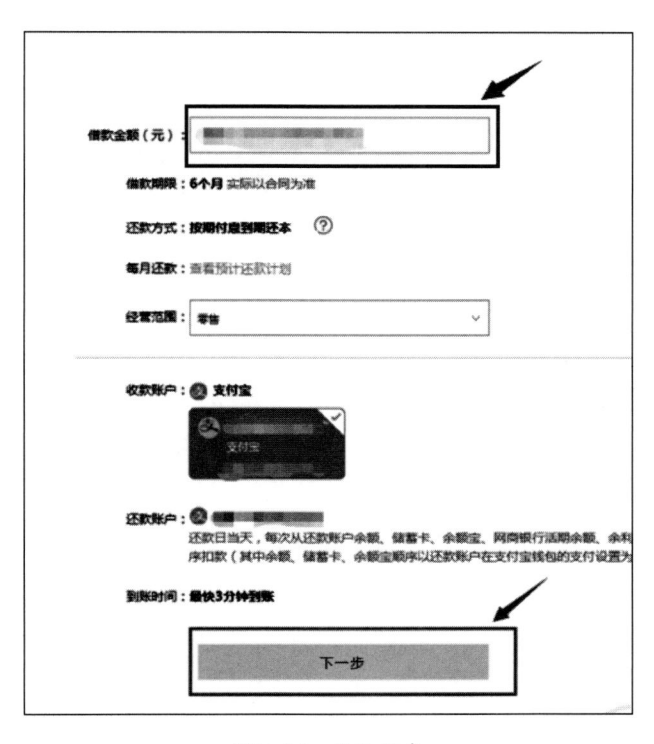

图 4-36　确认信息

3. 支付宝信用支付的设置及用途

蚂蚁花呗和信用卡支付都是消费类信贷产品，它们之间的区别如下：蚂蚁花呗是由支付宝推出并且建立在其信用体系之上的消费类信贷产品；而信用卡支付是由传统银行推出并且建立在传统的信用体系之上，其仅仅只是借用了支付宝服务的端口。如果商户开通蚂蚁花呗和信用卡支付，其产品的客户群体就可以享受"先买后还"的购物体验，能在极大程度上促进消费。

4.1.4 支付方式的设置

1. 蚂蚁花呗的设置

第一步，打开首页，进入"我订购的应用"，找到"服务订购"，如图 4-37 所示。

图 4-37　订购管理

第二步，在页面最上面的搜索栏内输入"蚂蚁花呗"，单击"搜索"按钮，如图 4-38 所示。

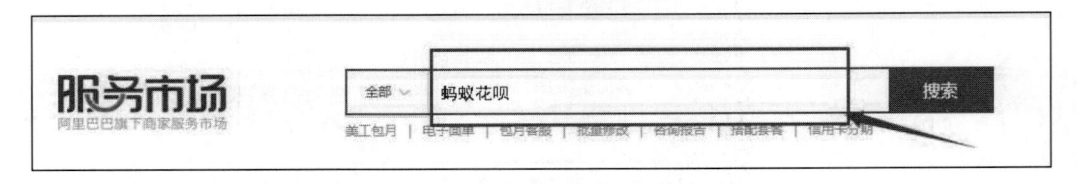

图 4-38　搜索"蚂蚁花呗"

第三步，单击"蚂蚁花呗"图标，如图 4-39 所示。

图 4-39　蚂蚁花呗服务

第四步，单击"立即购买"按钮，订购完成，如图 4-40 所示。

图 4-40　蚂蚁花呗服务开通

2. 信用卡支付的设置

第一步，打开首页，进入"我订购的应用"，找到"服务订购"，如图 4-37 所示。

第二步，在页面最上面的搜索栏内输入"信用卡支付"，单击"搜索"按钮，如图 4-41 所示。

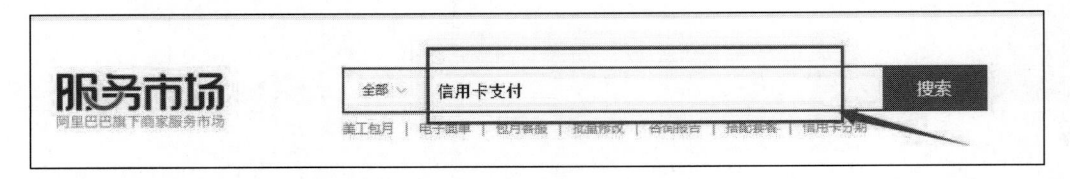

图 4-41　搜索"信用卡支付"

第三步，单击"信用卡支付"图标，如图 4-42 所示。

图 4-42　信用卡支付服务

第四步，单击"立即购买"按钮，订购完成，如图 4-43 所示。

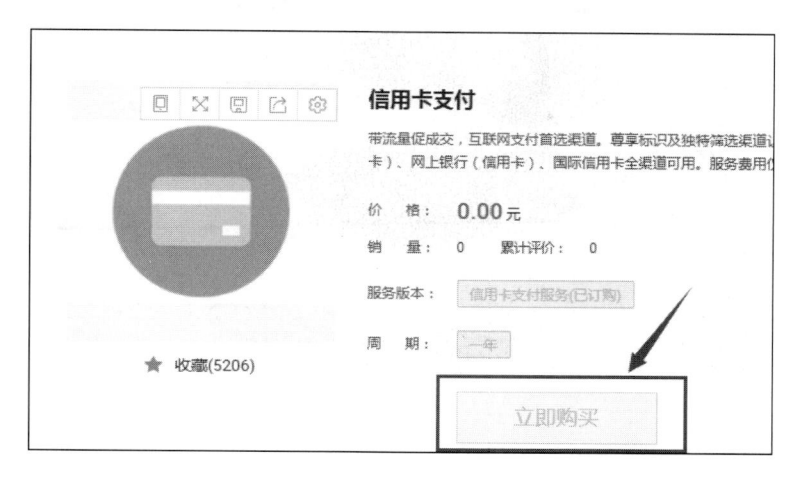

图 4-43　信用卡支付服务开通

4.1.5　蚂蚁金服为商家赋能

1. 蚂蚁金服开放平台入驻流程

蚂蚁金服开放平台为了帮助更多的商家降低经营成本，降低了入驻的标准，简化了合作商户的入驻流程，只要有支付宝账户的商家就可以免费入驻蚂蚁金服开放平台。商户开通蚂蚁金服开放平台的具体操作如下。

第一步，进入支付宝商家后台首页，单击"开放平台"图标，如图 4-44 所示。

图 4-44　支付宝开放平台

第二步，单击"进入我的开放平台"按钮，如图 4-45 所示。

图 4-45　登录支付宝开放平台

第三步，选择入驻账号类型，根据步骤进行开通，如图 4-46 所示。

图 4-46　选择入驻账号类型

2. 开通支付宝收款二维码

在显示的消费场景中，买家只要扫描卖家的收款二维码，卖家即时就可以收到货款，既方便又安全，在一定程度上提升了交易的效率。开通支付宝收款二维码的步骤如下。

第一步，在支付宝 App 中输入"蚂蚁金服商家"并单击"搜索"按钮，如图 4-47 所示。

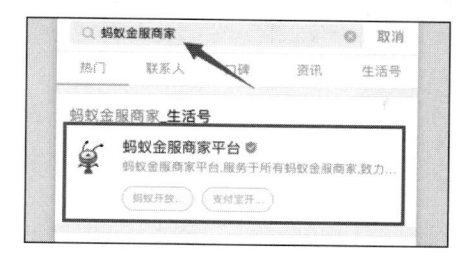

图 4-47 搜索"蚂蚁金服商家"

第二步，单击"关注"按钮，如图 4-48 所示。

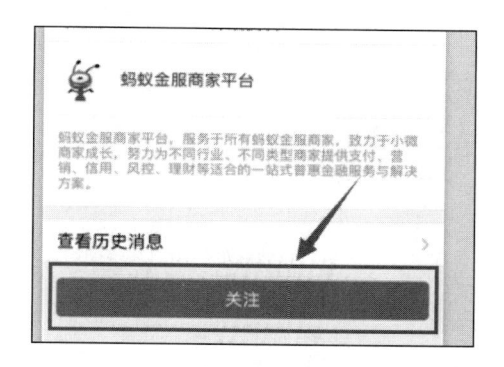

图 4-48 关注服务号

第三步，单击"收钱管家"图标，如图 4-49 所示。

图 4-49 收钱管家

第四步，单击"扫码点单"图标，如图 4-50 所示。

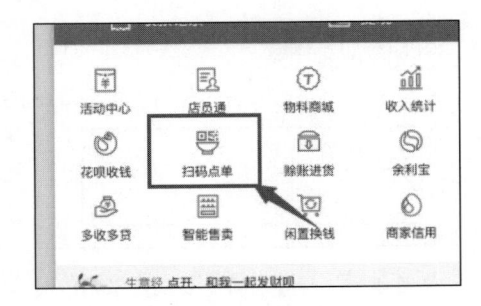

图 4-50　扫码点单

第五步，单击"立刻开通"按钮开通收钱码，如图 4-51 所示。

图 4-51　开通收钱码

第六步，填写正确的地址，单击"同意并申请"按钮进行付款，如图 4-52 所示。

图 4-52　付款界面

4.1.6 店铺的财务管理逻辑

电子商务平台是一个全国性甚至全球性的在线商品集散中心。电子商务协同的顾客数量十分庞大，顾客的地域分布非常广泛，吸引了众多商家争先恐后地在平台上开设店铺，导致同一商业体态下的竞争异常激烈，有时甚至一件商品前期不赚钱商家也愿意出售。电子商务的商业逻辑和传统商业有着异曲同工之妙，但是在某种程度上，电子商务在商品交易场景进行了创新，从而竞争也被无限放大，这和传统商业有着本质性的区别。商家在电子商务平台上从事贸易活动，也需要具备更高的商业素养能力。其中财务管理能力极其关键，在财务大数据的支撑下，商家才能稳健地做出决策。

首先，需要了解的是财务的逻辑架构，从传统的商业报表出发，财务报表包括资产负债表和利润表。

其中，资产负债表由资产、负债、所有者权益组成，它们之间的关系是资产=负债+所有者权益，并且每个大类下面有着较为清晰的细分小类，商业模式不同，所涉及的具体小类也有较大区别。资产负债表是反映企业在某一特定日期（如月末、季末、年末）全部资产、负债和所有者权益情况的会计报表，是企业经营活动的静态体现。在会计学上资产负债表是极其重要的财务报表，它能具体反映企业的经营状况，如图4-53所示。

利润表用以分析企业如何组织收入、控制成本费用支出、实现盈利的能力，评价企业的经营成果。在一定程度上，通过利润表分析，人们可以评价企业的持续发展能力。利润表由主营业务收入、主营业务利润、营业利润、利润总额和净利润组成，如图4-54所示。

资产				负债及所有者权益			
项目	行次	期末余额	年初余额	项目	行次	期末余额	年初余额
流动资产:				流动负债:			
货币资金	1			短期借款	46		
短期投资	2			应付票据	47		
应收票据	3			应付帐款	48		
应收帐款	4			预收帐款	49		
减：坏帐准备	5			其他应付款	50		
应收帐款净额	6			应付工资	51		
预付帐款	7			应付福利费	52		
应收出口退税	8			未交税金	53		
应收补贴款	9			未付利润	54		
其他应收款	10			其他未交款	55		
存货	11			预提费用	56		
待转其他业务支出	12						
其他应收款	13			一年内到期的长期负债	57		
待处理流动资产净损失	14			其他流动负债	58		
一年内到期的长期债券投资	15						
其他流动资产	16						
流动资产合计	20			流动负债合计	65		
长期投资:				长期负债:			
长期投资	21			长期借款	66		
固定资产				应付债券	67		
固定资产原价	24			长期应付款	68		
减：累计折旧	25			其他长期负债	69		
固定资产净值	26			其中：住房周转金	70		
固定资产清理	27						
在建工程	28						
待处理固定资产净损失	29			长期负债合计	76		
				递延税项:			
固定资产合计	35			递延税款贷项	77		
无形资产及递延资产:							
无形资产	36			负债合计	80		
递延资产	37			所有者权益:			
				实收资本	81		
无形资产及递延资产合计	40			资本公积	82		
其他长期资产:				盈余公积	83		
其他长期资产	41			其中：公益金	84		
递延税项:				未分配利润	85		
递延税款借项	42						
				所有者权益合计	88		
资产总计	45			负债及所有者权益总计			

图 4-53　财务报表

项目	行次	上年累计数	本年累计数
一、主营业务收入	1		
其中：产品销售收入	2		
减：主营业务成本	3		
主营业务税金及附加	4		
二、主营业务利润	5		
加：其他业务收入	6		
减：其他业务成本	7		
减：营业费用	8		
管理费用	9		
其中：业务招待费	10		
研究与开发费	11		
财务费用	12		
其中：利息支出	13		
利息收入	14		
汇兑净损失（净收益以"－"填列）	15		
三、营业利润（亏损以"－"号填列）	16		
加：投资收益（亏损以"－"号填列）	17		
其中：对联营和合营企业的投资收益	18		
补贴收入	19		
营业外收入	20		
减：营业外支出	21		
其中：非流动资产处置损失	22		
四、利润总额（亏损总额以"－"号填列）	23		
减：所得税	24		
*少数股东损益	25		
加：*未确认的投资损失（以"+"号填列）	26		
五、净利润（净亏损以"－"号填列）	27		
补充资料：项目	行次		
1、出售、处置部门或投资单位所得收益	28		
2、自然灾害发生的损失	29		
3、会计政策变更增加（或减少）利润总额	30		
4、会计估计变更增加（或减少）利润总额	31		
5、债务损失	32		
6、其他	33		

图 4-54　利润表

4.2　电商团队管理

4.2.1　公司员工管理基础规章制度

1. 总概

公司制定规章制度的总目的是发挥员工的工作积极性，激励员工工作，并配合公司整体战略规划，体现公司绩效、贯彻薪酬分配，激励到个人。

（1）工资结构：工资时期分试用期与正式期；工资结构总体分为基础工资与绩效工资。

① 基础工资：根据根据地域经济发展水平、物价水平、劳动力市场价格等外在薪酬因子确定的、相对固定的员工基本性工资报酬，如表 4-1 所示。

表 4-1 基础工资（单位：元）

岗位	P1	P2	P3	P4	P5	P6
基础工资	1 860	2 860	3 860	5 360	6 860	8 360

② 绩效工资：是指绩效加薪、奖励工资或与评估挂钩的工资，是建立在科学的工资标准和管理程序基础上的工资体系。

（2）员工等级：员工基础工资分为 P1～P6 六个等级。

① 试用期专员。

P1～P3：固定工资 3 000 元（本阶段运营为试用期，无津贴发放）。

P4～P6：固定工资 5 000 元（本阶段运营为试用期，无津贴发放）。

② 正式期专员。

P1：12×工作日（吃饭补贴）+4×工作日（公交补贴）+100（话费补贴）+400（住房补贴)+绩效（根据实际情况）。

P2：12×工作日（吃饭补贴）+4×工作日（公交补贴）+100（话费补贴）+400（住房补贴）+绩效（根据实际情况）。

P3：12×工作日（吃饭补贴）+4×工作日（公交补贴）+100（话费补贴）+400（住房补贴）+绩效（根据实际情况）。

P4：12×工作日（吃饭补贴）+4×工作日（公交补贴）+100（话费补贴）+400（住房补贴）+绩效（根据实际情况）。

P5：12×工作日（吃饭补贴）+4×工作日（公交补贴）+100（话费补贴）+400（住房补贴）+绩效（根据实际情况）。

P6：12×工作日（吃饭补贴）+4×工作日（公交补贴）+100（话费补贴）+400（住房补贴）+绩效（根据实际情况）。

以上津贴的发放均从实际生活标准出发，如在正常工作日内有请假行为，发放金额按实际出勤天数计算（一般一个月内除周六、周日外正常上班则为满勤）。以上等级与工资数量为参考案例，每个团队应当根据实际情况进行制定。每个等级的工作日数与补贴金额根据团队实际情况进行填写。

2. 工龄工资

工龄工资根据入职时间而定，如表 4-2 所示。

表 4-2 工龄工资（单位：元）

第一年	第二年	第三年	第四年	第 n 年
0	300	600	900	$300 \times (n-1)$

3. 奖励补贴

每月进行考勤统计，全勤奖 200 元（工作日无迟到无早退）。如表 4-3 所示。

表 4-3 奖励补贴（单位：元）

岗位	奖励补贴			
	全勤奖	人才引进	节点奖励	特殊贡献
运营专员	200	1 000	以实际为准	以实际为准

4. 绩效模块

绩效，从管理学的角度看，是组织期望的结果，是组织为实现其目标而展现在不同层面上的有效输出，包括个人绩效和组织绩效两个方面。组织绩效的实现应在个人绩效实现的基础上，但是个人绩效的实现并不一定保证组织绩效能够实现。如果组织绩效按一定的逻辑关系被层层分解到每一个工作岗位及每一个人，只要每一个人达成了组织的要求，组织的绩效就实现了。

绩效模块是规章制度里的重头模块，一般绩效考核会采取打分制，HR 在每个绩效周期进行审核调取信息，并进行打分。电商公司绩效考核涉及运营岗、推广岗、设计岗、客服岗，根据每个公司的实际情况不同，各有侧重，各有关联。下面以大部分公司常见的情况为案例，采用运营岗的月度考核与年度考核作为模板，如表 4-4 和表 4-5 所示。

表 4-4 月绩效模块

适用岗位	销量考核口径	月度提成标准额	销售规模系数 完成率	销售规模系数 系数	月度考核系数
运营专员	公司对运营专员所负责的电商平台实际成交量进行考核（不做品项调整）	公司对运营专员所负责的电商平台实际成交量进行考核	低于 90%	0.3	1.大于或等于 100%为当月考核达标 2.低于 100%为当月考核不达标，月度绩效根据表格系数计算，若全年指标完成，可补偿月度空白绩效（以 100%计算） 3.100%～140%根据比例换算比例系数 4.超出 140%部分将直接计入下个月考核业绩
			90%（含）～95%	0.5	
			95%（含）～100%	0.7	
			100%（含）～140%	1～1.4	
			大于或等于 140%	超出部分直接计入下个月绩效	

1.年月度考核指标以每年初或员工正式入职日确定，具体数值及数值类型以直属上级邮件为准

2.月度考核调整在上个月 25 日进行调整（特殊情况）

3.月度考核统计为每月第 5 个工作日

表 4-5 年绩效模块

适用岗位	销量考核口径	年度提成标准额	销售规模系数 考核分（分）	销售规模系数 系数	年度考核说明
运营专员	公司对运营专员所负责的电商平台实际成交量进行考核（不做品项调整）	公司对运营专员所负责的电商平台实际成交量进行考核	低于 80	0	年度考核计算公式为考核自然年内实际上班月份数×年度提成标准额×销售系数 若在自然年内员工离职或接触劳动合同，则无年度绩效
			80（含）～90	0.3	
			90（含）～100	0.5	
			大于或等于 100	实际比例系数	

1.月度考核和年度考核完全独立

2.年月度考核指标以每年初或员工正式入职日确定，具体数值及数值类型以直属上级邮件为准

3.年度考核的发放日期为国家法定春节假日前 5 个工作日

4.年度计算周期为一个自然年

5．职级晋升与下降

以某公司晋升下降方法为例，如下所示。

只有连续两个季度 KPI 达 1.2 倍才有资格参与职级晋升。

（1）固定职级晋升时间说明：每年的 4 月份有一次固定职别晋升考核（条件为工作满 1 年及以上的员工）。

（2）晋升流程说明：竞职者对自己的业务进行述职→相关领导进行不记名投票→产生结果、公司在官方渠道进行公示→述职者晋升。

（3）竞职成功者并非直接晋级，会存在一个月的竞职考核期，在考核期内无任何领导持反对意见，则视为晋级成功，享受所对应级别的相关待遇。

（4）连续两个月 KPI 低于 0.8（注：突发情况除外，包括但不限于产品的停止合作、平台停止合作）。

（5）在每一次升职或 KPI 调整时均会给到相应的工资体系单。若期间发生岗位变化的，除本制度中特别说明外，其他原岗位考核项目自动作废的同时按照新岗位考核指标及项目进行考核。对于已发放或者尚未发放的员工工资，一旦查出相关人员有严重违规行为的，公司有权要求退回或者不予发放，不退回的公司有权从其他未发款项中扣除。

4.2.2 岗位职责与绩效

一支队伍是否有强有力的竞争力，主要决定于公司人员的组合能力，人员的组合能力高低则主要看权责是否分明、合作是否高效。电商店铺的运营以人为主，主要分运营岗、推广岗、页面设计岗、客服岗、仓储物流岗。本小节会从这几个主要岗位进行剖析，了解一个高效的运营团队在底层架构上要做到哪些方面，帮助读者初步了解电商店铺团队运作。

1. 运营岗位

运营部门相当于项目团队的大脑，连动公司各岗位合作。运营要分析市场数据方向，总结公司内部与市场的突破点，制订战略计划，并分配到各岗位各人员，保证执行有效。负责店铺相关数据整理解析，分析行业每日动态趋势数据，并根据所有数据资料进行运营费用计算。

运营岗位核心技能要求：市场数据分析；渠道流量优化；店铺目标与计划制订。

（1）负责市场数据收集整理，制定数据报表，并统计分析形成成结果性报告文件。

（2）根据店铺产品的特性进行分析，制定产品的运营策略。

（3）根据同行与自身产品特性，挖掘产品行业痛点与自身利益点，制订产品页面制作方案与计划。

（4）协助设计产品页面制作，结合推广专员进行推广页面制作，包含但不限于直通车图、钻展图。

（5）针对推广方案，进行数据分析，检测推广方案的可行性与成功率，制订有数据支撑的运营计划。

（6）在店铺经营过程中协助其他部门一起优化产品标题、图片、详情，进行价格调整等。

（7）管控店铺的日常活动及平台的重大活动，保证活动效果并进行评估。

（8）维护店铺老客户，周期性地制定老客维护活动方案，并制作数据化可视报表。

（9）维护仓库与店铺之间的联系，保证物流时效与产品质量，及时处理店铺的各项紧急情况。

（10）根据店铺的销售情况与预期制定进货策略，反过来根据订货情况对销售进行指导。

2．推广岗位

推广岗位是团队的一大核心，主要负责店铺的流量来源，主要涉及的营销工具有直通车、钻石展位、淘宝客、品销宝等。岗位重点在于通过各个软件提高店铺流量，往往与设计和运营部门在工作衔接上较为频繁。另外，活动策划也是推广工作的一个重要组成部分，淘宝目前的站内站外活动越来越丰富，推广要结合店铺情况与站内站外资源制订有效的活动计划，达到活动效果最大化。

推广岗位核心技能要求：产品推广目标与计划制订；渠道流量优化；控制推广投产比。

（1）负责市场数据收集整理，制定推广数据报表，一般按照日、周、月、年计划。

（2）监控计划的实施情况，关注直通车、钻展、淘宝客等工具的投入/产出比、转化率、点击率等。

（3）配合运营主管的计划对店铺内产品进行测试，根据产品测试的数据表现对产品进行选择，并形成有数据支撑的产品分析报告。

（4）监控市场同行推广数据的投入与产出变化，把数据整理提供给运营。

（5）根据平台需求，与产品节奏，制订详尽的产品活动计划，并组织报名。

（6）在运营过程中，优化产品标题，保证产品的搜索词的精准性并抢占一些新的热门词。

（7）分析直通车、钻展等工具的数据，优化产品的主图、钻展图、详情页等，其中直通车主图和钻展图会大量影响到店铺的流量获取能力。

（8）维护淘宝客资源，对淘宝客资源进行考核与维护，保证在店铺需要临时做活动增加销量的时候，能够有效地对重点产品进行快速推广。

（9）维护、唤醒店铺粉丝与老客户，周期性地制定老客粉丝活动方案并实行。

3. 页面设计岗位

店铺设计的工作主要负责店铺的页面设计，以及平时运营推广过程中的推广图片设计。工作的本质是根据店铺运营的需求，设计制作店铺所需的页面和广告图，并根据店铺数据的反馈来更改、更新页面设计。一般在小团队里，设计师会全权负责拍摄、文案、设计、上架等一系列工作。但这样其实是不科学的，因为淘宝越来越往内容方向靠，每一张图都具有数据性。数据是运营岗位和推广岗位的强项，特别是推广图对数据的关联度与反馈度要求极高，因此运营与推广岗位应当对设计岗位进行辅助，避免设计产生数据盲区，从而提高运营的效率。

页面设计岗位核心技能要求：店铺整体页面规划与制作；直钻等推广图的点击率研究。

（1）负责店铺视觉的整体规划，包括风格定位规划、页面字体和色彩等标准制定、设计方案制定。

（2）制订页面制作的时间计划，保证符合运营时间进度。

（3）落地运营要求的视觉呈现效果。

（4）指导拍摄部门，提高拍摄部门的成片可用率。

（5）主页、详情页、主图、推广图的设计方案制定。

（6）根据公司定位、产品定位制定相应的店铺风格，要求风格统一并且有核心风格。

（7）制定页面文案，根据活动情况、产品情况，编辑包括但不仅限于首页、详情页、主图的产品文案，此项工作在平时也需要运营配合。

（8）根据运营需求，配合活动节点、店铺节奏，在特定时间点准时发布页面，并处理临时紧急的页面修改任务。

（9）日常优化页面，根据最新的页面设计潮流方向修改页面视觉效果。

4. 客服岗位

相对于线下而言，线上客户摸不到产品，能看到的仅仅是页面和文字。每个客户对页面与文字的理解不同，从而会在购买产品的时候产生更多的疑问。淘宝对客户评价的展示越来越突出，客户评价在店铺的转化率影响因素中的占比也越来越大，不好的评价会导致客户对产品产生怀疑。这个时候就需要客服进行产品的讲解并为客户答疑，客服的优秀与否很大程度上决定了商品的下单转化率的高低。一个亲和力强的客服不仅可以为店铺增加下单量，还能够提升店铺粉丝数量；一个服务周到且细心的客服，可以让顾客对店铺和产品产生安全感。售后服务是客服岗位的另外一个重要组成部分，好的售后服务能让消费者有更好的购物体验，每一次售后的咨询都是一次二次沟通的机会，适当处理好二次沟通，可以提升客户的信任感，拉近店铺与消费者的距离。因此，售前与售后客服都很重要。下面将客服岗位分成售前与售后来分析。

（1）售前客服岗位核心技能要求：售前客户问题解答，客户询单转化能力的研究与提高。售前客服岗位的职责如下所示。

① 熟悉店铺产品，具备向顾客阐述店铺产品优点的能力。

② 熟悉产品的交易流程与交易规则，及时响应客户对交易流程的疑问。

③ 熟练使用千牛工作平台，用千牛工作平台处理客户的优惠券领取、产品推荐、快捷短语设置等。

④ 熟悉市场上主流物流公司的时效、仓库发出的时效，为客户预估产品到货时间，并解释路上可能发生的物流意外情况。

⑤ 优化快捷短语话术，保证回复有效，提高回复响应速度。

⑥ 在与客户沟通过程中收集数据，对其他岗位工作人员的工作提出优化建议。

⑦ 主动向客户推荐产品，提高产品关联销售。

（2）售后客服岗位核心技能要求：中差评的维护处理；CRM 管理。售后客服岗位的职责如下所示。

① 熟悉产品优劣势，解答客户疑问。

② 熟悉淘宝交易流程与安全规则，避免在回答过程中出现安全及隐私泄露问题。

③ 在日常工作中收集整理赔付的频率、数量和金额，整理成数据报告递交运营岗。

④ 在处理客户投诉时，耐心倾听客户陈述，了解客户的需求，安抚客户的情绪，将不能解决的问题提交给主管部门。

⑤ 管理维护老客关系，了解商品的效果，传达店铺的最新活动消息，促成二次成交。

5．仓储物流部门

仓储物流部门是店铺的后勤保障，主要负责货物的安全，保证货物在平台要求时效内发出，保证货品发出质量，不出错、不遗漏。

仓储物流岗位核心技能要求：货品的仓储数据整理；货品安全与摆放高效；发货的准确率与效率把控。

（1）管理仓库安全性事务、人事变动事务、日常工作事务、对外沟通、谈判事务、时间管理事务等。

（2）文职人员需要承担起对外沟通、协调事务，包括事务到访的接待、外来信息的接收与传递、仓储对外协调事务的沟通与发声、回复邮件等。

（3）与公司抓单、审单人员进行沟通，及时对 ERP 系统已抓取订单进行高效的订单打印工作，做到无漏打、无重复打。缺空白订单时，及时与快递联系解决，监控计划的实施情况，关注直通车、钻展、淘宝客等工具的投入/产出比、转化率、点击率等。

（4）就已打印出来的订单进行及时的预扫，做到无漏扫、无错扫。

（5）对已经处理完毕的订单进行及时、快速的合理分配，一般按平台的时效性、运营的要求分单到 A、B、C 三个小组，并做好每日的分单统计。

（6）配合售后处理组的工作，及时对售后处理组需要仓储协助处理的事项进行处理。

（7）每日及时地向客服和采购等相关部门反映仓储的缺货情况。

（8）货品采购送货到仓，积极协调送货人员，并及时、高效、无损地将货品搬运到指定位置，完成卸货工作。

（9）对于已卸完货品，快速、准确地核对商品及其数量是否与到货司机的运单相符，相符则完成收货事务，并及时通知采购完成货品在 ERP 系统内的正确入库，不符则及时对货品进行二次检查，协调采购、送货、仓储三端完成准确的收货。

（10）对已完成收货产品进行大库位区的合理规划，并按先进先出的原则进行及时的大货摆放，要求库位规划合理，商品摆放整洁。

（11）对仓储日常工作环境进行整理，主要对照仓储整洁程度抽查表所示情况。

（12）日常对仓库进行大货区的规划、整理，同时注意商品效期的情况，做好大货产品的合理出库摆放。

（13）协调公司盘点人员对仓库进行日常性盘点，包括盘点单的打印与统计。

（14）如若库位上产品发生缺货等现象，能够准确找到大货摆放的位置并及时进行补货。

（15）调取配货区已经放置的订单及产品，进行二次校对，检查商品、数量是否与订单相符。

（16）对已经二次校对完毕的商品进行打包，注意平台信息及胶带的使用，最后印上责任章。

（17）对已经分配好的订单进行完整、严谨的保存，缺货的订单在汇总之后要及时拿给文职处理人员。

4.2.3 公司各部门职位晋升考核办法参考

晋升的目的是提升员工个人素质与能力，充分调动全体员工的主动性和积极性，并在公司内部打造公平、公正、公开的竞争机制，规范公司员工的晋升、晋级工作流程。

（1）每一个考核体系都需要一个全责的分配，建议安排如下。

① 公司人力资源部负责制定员工的晋升制度。

② 相关部门负责人负责晋升员工的申报、考核工作。

③ 评审委员会负责员工晋升的最终审核。

（2）每一个晋升的体系都需要在晋升的层级中有理论参考依据。

① 层级所要求的知识技能（需要在晋升PPT里体现，如可复制的过程、拿到的结果）。

② 目标：季度目标完成不得低于80%，价值观不能有B-或C。

③ 公司内部的影响力。

④ 公司要求的其他必备条件。

（3）为了兼顾公平与效率，晋升机会的频次与时间跨度根据每个公司的实际情况进行安排决断，大部分公司可参考如下方式。

每年两次：1月提名，2月面试评审，3月晋升生效；7月提名，8月面试评审，9月晋升生效。

（4）晋升的具体规则如下所示。

① 满足对应晋级层级的硬性要求。

② 在原层级半年以上，具有一定影响力。

③ 半年度绩效在团队为2（如团队为10个人，绩效则需要在前2名）。

④ 自主提名或主管推荐。

⑤ 通过晋升面试。

（5）弥补防范晋升制度选择失败的措施如下所示。

① 员工晋升后如不能胜任该职位或有重大过失，公司可视情节严重程度给予降职（降级）或免职处理。

② 评审委员会成员：直接主管或经理、横向团队主管或经理、总经理，以及人事。直线主管或经理参与评审，有发言权，无投票权。

本制度解释权归公司人力资源部所有，并自颁布之日起实施。

（6）每一个晋升机制下面都必须有一个具体的晋升标准，下面为大家整理了一个通用的参考模板。

①客服部层级能力模型，如图4-55所示。

层级	能力要求
P1	尚不能独立完成标准流程的工作，但能在他人指导下进行。 1、了解天猫交易流程及规则。 2、能够完成售前接待，售后基本问题处理等工作。 3、具备良好的团队合作意识。
P2	可以独立处理普通标准流程的工作，疑难问题需要指导。 1、熟悉天猫交易流程及规则。 2、售前能够独立完成售前接待，售后能完整处理售后问题并具备总结能力。 3、能够对疑难问题有一定自己的解决思路，并且能在他人的指导下有效解决。 4、具备良好的团队合作意识，并能影响身边的人。
P3	熟练处理普通标准流程的工作，能独立解决疑难问题，并辅导他人。 1、精通天猫交易流程及规则。 2、能够独立完成售前接待和售后问题处理等工作；同时能够协调资源解决问题。 3、对现有工作流程进行梳理和优化，提出有建设性意见与建议。 4、能够有效辅导低层级员工，从专业技能及公司一些行为准则方面指导新进员工；具备良好的团队合作意识，并能影响带动身边的人。
P4	能在明确的要求下，运用专业知识或技能完成本岗位任务，配合完成复杂任务。 1、精通天猫交易流程及规则，熟练解读官方客类新规并有效传达给团队同学。 2、能够与运营、品牌方等进行有效沟通合作，整合资源解决较难的问题。 3、能够有效辅导低层级的员工，从专业技能及公司一些行为准则方面指导新进员工；同时具备良好的团队合作意识，并能影响带动身边的人。 4、能够梳理并优化现有流程，同时给主管提出建设性意见建议。
P5	具备专业敏感性，独立完成复杂任务，能够发现并解决问题，承担较为复杂的专业领域的工作。 1、在P4的基础上对业务更精通；具备更强的资源整合能力。 2、能进行人员面试、选拔、绩效管理等工作。 3、能够理解上一级主管的业务要求，对团队设定清晰的目标并带领团队采取行动；具备以结果为导向的执行力，不会为暂时的不理解而延缓进度；从专业能力上辅导同岗位P5级以下员工，以确保团队成员有更好的业务能力，能更好地达成业务目标。

备注：上一层级的能力默认已具备下一层级的能力要求（如晋升至P5，默认已具备P4所要求的能力）

图4-55 客服部层级能力模型

②运营部层级能力模型，如图4-56所示。

层级	能力要求
运营部层级能力模型	
P2	可以独立处理普通标准流程的工作，疑难问题需要指导。 1、基于自己项目，了解淘宝的运营环境、天猫制定的交易规则，了解天猫会员的购物习惯和购物心理。 2、基本了解淘宝后台操作，熟练掌握产品上线、活动价格设置、宝贝详情页及店铺页面装修、数据软件应用及报表制作、淘宝活动报名执行等基础工作。 3、基本掌握页面DEMO及产品详情页的撰写。能够独立完成分配的店铺日常工作。
P3	熟练处理普通标准流程的工作，能独立解决疑难问题。 1、基于自己项目，熟悉平台的运营环境、平台制定的交易规则，熟悉顾客的购物习惯和购物心理。 2、在P2基础工具使用能力的基础上，能够简单运用PS和DW等工具进行店铺装修、图片文字信息的修改，以及熟练运用Excle表格的制作，并能掌握店铺付费软件生意参谋、流量纵横、生意经等的使用。能够独立报并进行小型淘宝活动，并跟进完全过程。 3、熟练掌握页面DEMO及产品详情页的撰写。对店铺日常运营较为熟练（熟悉店铺后台一切操作），有较强的店铺页面策划与促销活动执行能力，并进行分析和总结。具备数据分析能力，同时能够对工作流程有一定自己的见解；了解淘宝搜索规则，对产品标题有一定的完善能力。
P4	能在明确的要求下，运用专业知识或技能完成本岗位任务，配合完成复杂任务。 1、拥有一定的行业知识，对行业有一定的了解。具有一定的从业经验。在P3的基础上，工作更积极主动，能够有效协调店铺与设计部门、仓储部门、客服部门等平行部门间的工作，并做好各部门对店铺的工作的对接配合。此外能够善于分享自己的工作技能，协助培养实习生，帮助比自己低层级的同事做能力提升。 2、充分熟悉淘宝的运营环境、天猫制定的交易规则、推广付费广告投放等营销的逻辑。 制订项目的搜索计划（对产品标题有很强的完善的能力）。善于总结客户的购物心理，挖掘品牌价值，能利用各种平台工具增加客户粘性。 3、能够辅助店长进行日常工作，并独立进行促销活动策划、制定和执行，对促销和推广活动进行追踪，对方案不断进行优化，以达到理想效果；并能配合完成复杂任务；具备全面数据分析能力，并制定有效应对性策略。 4、具有较强的视觉鉴赏和DEMO的规划能力。在专业领域，具有较强的自我学习能力。
P5	具备专业敏感性，独立完成复杂任务，能够发现并解决问题。承担较为复杂的专业领域的工作。 1、具备很强的行业洞察力，并抓住行业发展动态与方向。 2、具有较强的视觉鉴赏和DEMO的规划能力。在专业领域中，对公司职位的标准要求、政策、流程等从业所必需了解的知识基本了解，对于本岗位的任务和产出很了解，能独立完成复杂任务，能够发现并解决问题。 3、在项目当中作为独立的项目组成员同时对项目有主导作用。并有拿结果的能力。 4、能够有效与内部协作部门及天猫平台、品牌方等进行内外部资源整合；并能不断优化、提升天猫整店运营，持续提升客户良好体验，对内改善运营流程并有一定的创新能力。 5、管理方面。定目标：理解上一级主管的业务要求，对团队设定清晰的目标并带领团队采取行动。拿结果：以结果为导向的执行力，不会为暂时的不理解而延缓进度；从专业能力辅导同岗位P5级以下，以确保团队成员有更好的业务能力，更好达成业务目标。
P6/M1	自主性，独挡一面，能独立主导和推动项目及任务，在专业领域具备辅导他人的能力。 1、对项目有全面的业务规划能力，包括计划制订、所需要的资源和人员的配置。 2、能梳理自己团队人员架构与能力及发展方向。有重点人员的培养计划及人才梯队规划。 3、有很强的拿结果的能力，目标分解及达成，善于运用平台、品牌、行业等资源达成目标。有较强的与资源方的沟通与交际能力。 4、定目标：理解策略，分解目标。拿结果：敢作敢当，主动拿活儿。不惧权威，为拿到结果必要时能对上司说不；以结果为导向，不拘泥于流程和专业限制，有勇气创新。
P7/M2	系统性，知其然知其所以然。是某一领域的专家，在专业领域具备一定的预见性，可独立领导跨部门的项目。 1、在专业领域，对自己所从事的职业具备一定的前瞻性的了解，在某个方面独到，对公司关于此方面的业务或管理产生影响。 2、对于复杂问题的解决有自己的见解，对于问题的识别、优先级分配见解尤其有影响力，善于寻求资源解决问题；也常常因为对于工作的熟练而有创新的办法，表现出解决问题的能力。 3、可独立领导跨部门的项目；能够培训和教导P6/M1及以下员工。 4、是专业领域的资深人士；具备启动并领导新业务的能力。
备注：上一层级的能力默认已具备下一层级的能力要求（如晋升至P5，默认已具备P4所要求的能力）	

图 4-56 运营部层级能力模型

③设计部层级能力模型，如图 4-57 所示。

层级	设计部层级能力模型	
^	能力要求	
P3	可以独立处理普通标准流程的工作，疑难问题需要指导。 1、热爱设计、审美优秀；半年以上设计相关工作经验。 2、能使用基本软件（如PS、AI等）独立操作，进行视觉推导并完成设计方案。 3、能够独立完成店铺设计；并有一定的创新能力。 4、具备良好合作态度及团队精神。	
P4	能在明确的要求下，运用专业知识或技能完成本岗位任务，配合完成复杂任务。 1、2年以上设计相关工作经验。 2、能使用多个软件（如PS、AI、CDR、C4D等）技能操作，有卓越的视觉表达及创新能力。 3、能够独立完成店铺设计，在项目当中可以作为独立的项目组成员，参与前瞻性视觉的创意设计。 4、在专业领域，具有学习能力和潜能；能够运用自身的专业能力，与店铺运营思路达成一致，提升品牌调性。 5、能够辅导实习生，从专业技能及公司一些行为准则方面指导新进员工。	
P5	具备专业敏感性，独立完成复杂任务，能够发现并解决问题。承担较为复杂的专业领域的工作。 1、3年以上设计相关工作经验。 2、多个软件技能操作，多个设计拓展技能（摄影、手绘等）；能够运用合理的创意创意，提升设计质量与品牌调性； 3、运用合理的设计策略，帮助产品提升品牌影响力。 4、在项目当中可以作为独立的项目组成员并对项目有主导作用。 5、能够辅导较低层级的员工，从专业技能及公司一些行为准则方面进行相应指导与分配。	
P6/M1	自主性，独挡一面，能独立主导和推动项目及任务，在专业领域具备辅导他人的能力。 1、在P5的能力基础上，有多年设计经验。 2、多个软件技能操作，多个设计拓展技能（摄影、手绘等）；具备强烈的品牌意识、创新欲望，提升品牌影响力。 3、有深厚的设计理论与娴熟的设计技能，善于捕捉设计流行趋势。	

备注：上一层级的能力默认已具备下一层级的能力要求（如晋升至P6，默认已具备P5所要求的能力）

图 4-57　设计部层级能力模型

④ 推广部层级能力模型，如图 4-58 所示。

层级	推广部层级能力模型 能力要求
P3	可以独立处理普通标准流程的工作，疑难问题需要指导。 1、了解淘宝基本的营销规则、运营思维与营销环境，熟练掌握淘宝推广（直通车/钻展）操作，如关键词优化以及广告投放规则，关键字、排名优化等。 2、较强的逻辑思维和数据分析能力，具备良好的分析判断能力。 3、具备基础文案策划和设计审美辨别能力，沟通合作能力和执行力较强。
P4	能在明确的要求下，运用专业知识或技能完成本岗位任务，配合完成复杂任务。 1、半年以上天猫直通车/钻展推广经验，精通淘宝规则、直通车排名规则、扣费规则，对淘宝排名有一定的研究，善于优化关键词。 2、清晰的逻辑思维能力，对于流量构成有深度的研究，能分析各种渠道的流量并对流量的质量进行评估和评测，配合店铺运营做好推广规划、执行和优化，挖掘整理统计和分析推广数据反馈给店长或运营。 3、具备良好的文案功底和设计审美能力，了解消费者心理及搜索习惯，结果导向。
P5	具备专业敏感性，独立完成复杂任务，能够发现并解决问题。承担较为复杂的专业领域的工作。 1、思维清晰条理性强，较强的数据分析，能配合店铺运营独立制订完善的营销推广计划，针对推广运营效果进行跟踪、评估，提出营销改进措施并给出切实可行的改进方案。 2、善于规划手头工作，总结并持续改进工作方法，有较强的商业敏感度，具有较出色的大型活动推广案例，做过千万级店铺的营销推广。 3、有高度的责任心、沟通协调能力、抗压能力、执行能力和团队管理协作能力。

备注：上一层级的能力默认已具备下一层级的能力要求（如晋升至P6，默认已具备P5所要求的能力）

图 4-58　推广部层级能力模型

4.3　本章要点

（1）了解熟悉支付宝的核心功能。

（2）了解电商仓储管理的主要内容及仓库发货的流程。

（3）培养精细化运营能力和团队管理意识。

4.4　本章习题

（1）完成支付宝账号注册和转账等功能的尝试。

（2）模拟商品登记入库的流程，并在订单成交后，模拟商家发货的所有流程和步骤。

（3）以 Excel 或 XMind 为工具搭建自己店铺的人员团队并完善相关岗位职能。

电子工业出版社优秀跨境电商图书

阿里巴巴官方跨境电商系列

跨境电商物流 阿里巴巴速卖通宝典
配有PPT
书号：978-7-121-27562-3
定价：49.00元

跨境电商客服 阿里巴巴速卖通宝典
配有PPT
书号：978-7-121-27620-0
定价：55.00元

跨境电商美工 阿里巴巴速卖通宝典
配有PPT 全彩印刷
书号：978-7-121-27679-8
定价：69.00元

跨境电商营销 阿里巴巴速卖通宝典
配有PPT
书号：978-7-121-27678-1
定价：78.00元

跨境电商数据化管理 阿里巴巴速卖通宝典
配有PPT
书号：978-7-121-27677-4
定价：49.00元

跨境电商SNS营销与商机 阿里巴巴速卖通宝典
配有PPT
书号：ISBN 978-7-121-32584-7
定价：89.80元

跨境电商运营与管理 阿里巴巴速卖通宝典
配有PPT
书号：ISBN 978-7-121-32582-3
定价：59.00元

跨境电商视觉呈现 阿里巴巴速卖通宝典
配有PPT 全彩印刷
书号：ISBN 978-7-121-32583-0
定价：59.00元

跨境电商
配有PPT
书号：ISBN 978-7-121-36615-4
定价：79.00元

跨境电商图书兄弟篇

跨境电商运营从基础到实践
ISBN 978-7-121-39147-7
定价：69.00元
出版日期：2020年6月
柯丽敏 等著
主要内容：以跨境电商的业务流程为主体框架，结合跨境电商案例，系统全面地介绍了跨境电商的理论与实际操作。
跨境电商名师力作。
从基础到实践，跨境电商精英之路。
配有PPT

跨境电商多平台运营（第3版）：实战基础
ISBN 978-7-121-38644-2
定价：79.00元
出版日期：2020年4月
易传识网络科技 主编 丁晖 等编著
主要内容：第3版对全书的内容和目录做了重新编排，力求结构分明、兼顾跨境电商新手和老手的需要。
畅销教程全新升级，兼顾跨境电商从业者与院校学员，提供PPT支持。
配有PPT

跨境电商——阿里巴巴速卖通宝典（第2版）
ISBN 978-7-121-26388-0
定价：79.00元
出版日期：2015年7月
速卖通大学 编著
主要内容：阿里巴巴速卖通运营。
阿里巴巴官方跨境电商B2C权威力作！
第2版全新升级！持续热销！

亚马逊跨境电商运营宝典
ISBN 978-7-121-34285-1
定价：69.00元
出版日期：2018年6月
老魏 著
作者拥有12年外贸和跨境电商从业经历，助你系统解决亚马逊运营痛点。

阿里巴巴国际站"百城千校·百万英才" **跨境电商人才认证配套教程**　教程与PPT咨询，请致电编辑：010-88254045

从0开始跨境电商实训教程
阿里巴巴（中国）网络技术有限公司 编著
ISBN 978-7-121-28729-9
适用于一切需要"从零开始"的跨境电商企业从业人员和院校学员。
配有PPT

跨境电商B2B 立体化实战教程
阿里巴巴（中国）网络技术有限公司 浙江商业职业技术学院 编著
ISBN 978-7-121-35828-9
图书+PPT课件+在线视频学习资源+跨境电子商务师认证
配有PPT